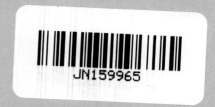

保育原理

西川ひろ子・山田修三・中原大介【編】

溪水社

目　次

保育原理

第1章
「保育」とは何か

第1節 「保育」の理念とは何か

1．保育の専門職をめざす「あなた」に，まず考えてほしいこと

――本節は，「あたりまえなこと」を改めて深く考えてみてほしいという意図を含むため，読み進めていくことがやや難しいかもしれない。そうならば，全体を学び終えた後，本節にもう一度に立ち返ってみてはどうだろうか――

資格・免許を取得し専門職としての保育者（保育士や幼稚園教諭）をめざす「あなた」に率直に聞きたいことがある。「保育」とは何か。具体的にいえば，誰による，どのような取り組み（行為）なのだろうか。

おそらく，「あなた」自身のこれまでの体験や見聞きした（読んだ）こと等に基づき，**「幼い子ども（年少者）の望ましい成長を目的として，おとな（年長者）がよりよい環境を整え，関与していくこと」**を具体的にあれこれと思いつくのではないだろうか。仮に，保育の理念をこのようなこととさしあたり置くとする。では，隣（周囲）の人はどのように思うのだろうか。お互いの意見を出し合ってみよう。

その後，次第に「あなた」は次のことに気がつき始めてもおかしくはない。隣（周囲）の人の意見には，自身と共通する部分（そうそう，私も思っていた／納得できる）とそうでない部分があるということに。特に，そうでない部分に意識を向けてみよう。その意見は，いわゆる納得できない（保育とは認めない）ことなのか。あるいは，よくわからない（理解できない）ことなのか。「あなた」のイメージした世界に突然の異物が侵入したかのような戸惑いから，保育の学びに対して消極的になりがちな事態も予想される。

言い過ぎた表現もあったかもしれないが，このような戸惑いは「あなた」にとって決して不幸なことではない。このことに気付いてほしい。なぜなら，これから「保育原理」に関する学びを進めていけば，時代（世代）や地域（場所）によって，「保育――そこには『よき』が含まれる――」のみならず，子どもから専門職者として必要な資質のあるべき姿（理念）に至るまで意外なほど異なっていることを確認していくからである。「これが保育なのか」と，信じられないような事例に遭遇することも想像に難くない。そこで次のような問いが湧いてくるのではないか。「何が，正しいのだろうか（正解は何か）」。

ところが，この問い自体（正解を求めたいという思考）もまた誰かによって批判されがちである。保育や子育てに関して安易に――唯一の正解があることを前提に，その――正解を求めるべきでないと。確かに，広く世の中に当然であり正しいと思われている理念や考え方も存在するといわれる。だが，その成り立ちへと詳細に分け入ってみれば，偏った世界観やつじつまのあわない矛盾があらわとなる場合が多い。さらにいえば，見方や考え方の正解が，一つである場合もありうるし，多数の場合もありうる。だからこそ，対話的（言語も含めた多様なメディアを通して）で主体的（自ら積極的に）保育について深めて（様々な可能性を探って）いく意味があるのではないだろうか。

2．保育の理念に迫る

「保育」の理念（考え方）は今日に至るまで，またそれぞれの地域で，確固とした統一的なものではなかった。この点については，後述の章（第９章を参照）にて確かめることができるだろう。様々な紆余曲折（思考錯誤）を経て，現在の姿になっているのであり，また将来には，変わっていく可能性をはらんでいるのである――もしかしたら，「あなた」たちが変えていくかもしれない――。繰り返しになるが，理念は，時代（時間）や地域（場所）に少なからぬ影響を受けている――受けているようにとらえられる――点に留意しておきたい。

では，現在のわが国において保育はどのように考えられているのだろう。専門職の視点に立てば，保育の法制度に基づき押さえておきたい。なぜなら，専門職者としての証である保育士資格と幼稚園教諭免許は，保育を行う専門機関――保育所と幼稚園――とともに，わが国の法制度によって規定されているからである。

保育士および保育所は，児童福祉法（昭和22年，法律第164号，最終改定2018年６月23日）を法令根拠とし，厚生労働省の管轄下にある。また，実際に保育を行うにあたっての最低基準（法的拘束力を有する―告示―）は保育所保育指針（平成29年，厚生労働省告示第117号）に示される。以下，確認してみよう。

児童福祉法　第39条

第三十九条〔保育所〕

保育所は，保育を必要とする乳児・幼児を日々保護者の下から通わせて保育を行うことを目的とする施設（利用定員が20人以上であるものに限り，幼保連携型認定こども園を除く。）とする。

２　保育所は，前項の規定にかかわらず，特に必要があるときは，保育を必要とするその他の児童を日々保護者の下から通わせて保育することができる。

保育所保育指針　第１章

第１章　総則　1　保育所保育に関する基本原則　（1）　保育所の役割
ア　保育所は，児童福祉法（昭和22年法律第164号）第39条の規定に基づき，保育を必要とする子どもの保育を行い，その健全な心身の発達を図ることを目的とする児童福祉施設であり，入所する子どもの最善の利益を考慮し，その福祉を積極的に増進することに最もふさわしい生活の場でなければならない。

保育所は，保育を必要とする子ども（乳児又は幼児）を対象とする。そして，健全な心身の発達を図ることを目的とし，その達成のための行為（関わり）なるものを保育と位置づける。解きほぐせば，子どもの心身の健全な発達をめざすあらゆる行為を保育として整理できるだろう。ところで，幼稚園はどうなっているだろうか。同じように，幼稚園教諭および幼稚園は，学校教育法（1947（昭和22）年法律第26号，最終改定2018年６月１日）を法令根拠として文部科学省の管轄下にあり，最低基準（法的拘束力を有する―告示―）も幼稚園教育要領（2017（平成29）年文部科学省告示第62号）として示される。以下，確認してみよう。

学校教育法　第22条

第二十二条　幼稚園は，義務教育及びその後の教育の基礎を培うものとして，幼児を保育し，幼児の健やかな成長のために適当な環境を与えて，その心身の発達を助長することを目的とする。

幼稚園教育要領　第１章

第１章　総則　第１　幼稚園教育の基本
幼児期の教育は，生涯にわたる人格形成の基礎を培う重要なものであり，幼稚園教育は，学校教育法に規定する目的及び目標を達成するため，幼児期の特性を踏まえ，環境を通して行うものであることを基本とする。

実は，学校教育法において，幼稚園も幼児の健やかな成長のために適切な環境を用意すること，そして幼児の心身の発達を援助することを目的とし，その目的を達成するためのあらゆる行為を保育として位置づける。この学校教育法に従い，幼稚園教育要領はその内容を設定している。また，就学前の子どもに関する教育，保育等の総合的な提供の推進に関する法律（平成18年，法律第77号，最終改正2017年４月26日）幼保連携型認定こども園教育・保育要領（平成29年，内閣府，文部科学省告示第１号，厚生労働省）においても，おおむね同様に捉えられる。

3．保育の理念を構成する要素に目を向ける

保育所保育指針をさらに読み進めてみよう。

保育所保育指針　第１章

第１章　総則　1　保育所保育に関する基本原則　（1）　保育所の役割 イ　保育所は，その目的を達成するために，保育に関する専門性を有する職員が，家庭との緊密な連携の下に，子どもの状況や発達過程を踏まえ，保育所における環境を通して，養護及び教育を一体的に行うことを特性としている。

これらの記述から確認されることは，保育は養護と教育を一体的に行うことを特性とする点である。「なぜ」そのように考えられるようになったのだろうか。この視点から保育をめぐる理念についてさらに，深めてみよう。

第２節　「保育」「教育」「養護」の相違点

1．「人間とは何か」を出発点に

前節の冒頭にて取り上げたように，「『保育』の理念とは何か」をつきとめることは，容易にみえて，実は非常に困難を伴う思考作業といえる。なぜなら，「あなた」のイメージと他の誰かのイメージが多かれ少なかれ異なる場合，どちらが真——正解——であるかを判定する基準——そもそも基準は存在するのか——が，未だ論究され続けているからである。そこで，少し視点をずらしてみたい。『保育』や『教育』とは何か。このことがどのように考えられてきたのかだろうか。この観点から保育や教育を概略的に考えてみよう。

ここで，「あなた」に聞きたい。「人間と他の動物との決定的な違い」とは何だろうか。「言葉を使用する（対話する）」，「高度な道具を使用する」，「本能的なものを抑え，深く——理性的に——考える」……「化粧をする」，「夢をあきらめる」，「世界を驚かす」など，ここでも周囲の人と思いつくまま，お互いに意見を出し合ってみてはどうだろう。

もしかして，そうした多くの意見の共通点に「人間の方が他の動物よりも優れている」という思考上の基準が見出されはしないだろうか。確かに，人間が有する能力は極めて高いといえるだろう。ならば，あえて問いたい。それは「産まれたばかりの乳児」にも該当することなのだろうか。そして，人間とは一体何なのだろうか。

2．理想的人間へと高めていくための手段

ここからは過去の思想家や教育家（学者）と呼ばれる人物たちの考え――言辞――に目を向けてみよう。まず，先ほどの「人間と他の動物との決定的な違い」という問いについて，先人たちはどのような回答を出したのだろう。

ドイツの哲学者であるカント（Immanuel Kant, 1724-1804）は『教育学』（1803）の冒頭で「人間は教育されなければならない唯一の被造物」と述べる。つまり，他の動物とは決定的に教育が必要なのだと。また，スイスの生物学者であるポルトマン（Adolf Portmann, 1897-1982）は『人間はどこまで動物か』（1944）において，人間の特徴を「生理的早産」ととらえ，他の動物と比較した際，大人（親）による世話・保育という行為がやむを得ず必要との見解を述べる。概略すれば，産まれたばかりの乳児段階では，他の動物と比較した際，自らの力で生きていけないほどあらゆる面で極めて弱い未熟な状態にある。それゆえ，大人による世話（養護）といった介入が一定期間どうしても必要であり，そのことによって本来的に備えている諸能力が自らのものとなっていき，理想的人間へと向上していくというのである。

3．養護・教育・保育の特質をとらえる――相違というアポリアをめぐって――

か弱き未熟な状態から諸能力が理想的に備わった状態へ高めていくための手段（営み）としてとらえられる教育の考え方は，明治期以降のわが国に積極的に導入されることになる。西欧諸国の文化や技術，制度などを積極的に取り入れ豊かで強い国づくりを目論んできたことが，後述される保育（教育を含む）の歴史の箇所で確かめられるだろう。

そうしたわが国の保育や教育に少なからぬ影響を及ぼした国の１つにドイツがある。先述のカントがそうである。そのドイツ教育学を代表する人物としてシュプランガー（Eduard Spranger, 1882-1963）がいる。彼は「教育の未来に及ぼす影響の力と限界」（1950）で，年齢層別に教育行為を次のように区別し特徴づける。まず，比較的幼い乳幼児段階では「発達の援助」や「養育（Pflege）」といった行為が教育とみなされる。すなわち，人間としての発達にふさわしい身体面や精神面での拡張（体が大きくなる・安定した情緒が形づくられる）が遂げられるためになされる大人の介入を指している。続く段階では，「文化（財）の伝達」という行為が主たる教育とみなされる。学校や家庭，その他の場で，これまでの長きにわたる時間を経て培われてきたものの見方や考え方，芸術作品や生活形式（その意味を含む）などを「すでに知っている大人」から「未だに知らない子ども」へ伝えていくことと同時に，子どもはその内容を理解する（自らの考えとして意味づけていく）営みとされる。すなわち，未知の内容を獲得することによって自己の認識の範囲が広がる（知っていることが増える）状態を精神的な世界での成長＝教育の成果として

とらえるのである。ここまでにおいて確認すべきことは，未熟な子どもの「内面に潜む能力」が大人によって「刺激され，引き出していく」（Erziehung）状況を教育ととらえている点である。

さらに，シュプランガーは次の段階，子ども自らによってなされる「内面の覚醒」という行為を提示する。この段階の子どもとは，一定の期間を経て成長を積み上げてきたいわゆる「青年」がイメージされている。先述したように，大人による介入によって成長を遂げてきた子ども（青年）は次第に，大人による介入を退け（場合によっては反抗し），自らの意志で自己のあるべき方向性を見出そうとする。こうした段階に踏み込むことにより，「自分とは何か／いかにあるべきか」について自問自答しつつ，自らの手で自己を形作っていく（Bildung）状況をも教育としてとらえられている。

ここで改めて，保育所保育指針に目を向けてみよう。保育は養護及び教育を一体的に行うことをその特性としている。では，その保育を成り立たせている「養護」と「教育」とはどのようなものか。まず，養護とは子どもの「生命の保持」と「情緒の安定」とされる。更に子どもが人間らしく「生きることそのものを保障する」（厚生労働省 2017, p.31）ための身体面へのあらゆる援助やかかわりを生命の保持と位置づけるとともに，周囲（他者）への信頼や自己肯定といった子どもの精神的安定に関する配慮や心がけを情緒の安定として位置づけるのである。同様に，保育所保育指針では「教育」は「子どもが健やかに成長し，その活動がより豊かに展開されるための発達の援助」ととらえられる。そして，乳児保育の段階では「健やかに伸び伸びと育つ」身体的発達に関する視点，「身近な人と気持ちが通じ合う」社会的発達に関する視点，「身近なものと関わり感性が育つ」精神的発達に関する視点の３点からそのねらいや内容が構成される。また，１歳以上の保育では，心身の健康に関する領域「健康」，人とのかかわりに関する領域「人間関係」，身近な環境とのかかわりに関する領域「環境」，言葉の獲得に関する領域「言葉」，感性と表現に関する領域「表現」の５領域からそのねらいや内容が構成される。

以上のように保育所保育指針は，保育，教育，養護を特徴づけるが，それぞれを境界づけ，単独に成り立つ概念としてとらえていない。とりわけ養護と教育は切り離せるものではないのであり，相互に関連をもち，重なりながら一体的に展開されていくもの（厚生労働省 2017, p.87）とし，それを保育ととらえることを重ねて強調する点は極めて留意すべきである。先述したような，ドイツ教育学のみならず諸外国の様々な学説を援用しつつ，アレンジしてきた結果としてわが国の教育・保育・養護はその理念を構築されているのである。保育所のみならず，幼稚園や家庭にて営まれる行為を児童福祉法や学校教育法などが保育ととらえるように。

第3節　子どもの最善の利益と「保育」

1．最善の利益を確認する

「あなた」はこれまでに「最善の利益」を耳にしたこと，あるいは関心を向けたことはあるだろうか。この「最善の利益」は，保育において極めて重要なキーワードととらえられてきたのだが，このことをまず確認しておこう。

児童福祉法　第2条

第二条　全て国民は，児童が良好な環境において生まれ，かつ，社会のあらゆる分野において，児童の年齢及び発達の程度に応じて，その意見が尊重され，その最善の利益が優先して考慮され，心身ともに健やかに育成されるよう努めなければならない。

児童の権利に関する条約　第3条

第3条　1　児童に関するすべての措置をとるに当たっては，公的若しくは私的な社会福祉施設，裁判所，行政当局又は立法機関のいずれによって行われるものであっても，児童の最善の利益が主として考慮されるものとする。

保育所保育指針　第1章（再掲）

第1章　総則　1　保育所保育に関する基本原則　（1）　保育所の役割

ア　保育所は，児童福祉法（昭和22年法律第164号）第39条の規定に基づき，保育を必要とする子どもの保育を行い，その健全な心身の発達を図ることを目的とする児童福祉施設であり，入所する子どもの最善の利益を考慮し，その福祉を積極的に増進することに最もふさわしい生活の場でなければならない。

2．「最善の利益」を保育実践から深く考える

「最善の利益」とは一体何か。どのようなこと（状態）をイメージするだろうか。周囲の人と再び意見を出し合ってみよう。隣（周囲）の人はどのように思うのだろう。その後，さらに深めてみよう。その意見は，なぜ「最善の利益」といえるのだろうか。そして，そのことは全ての子どもに対して実現することが可能だろうか。あるいは，実現のために誰かを悲しませているのではないだろうか。あることを実施するために必要とされるやむをえない妥協の末に実現されたことは，最善ととらえるべきなのか。

とはいえ，「最善の利益」について考えること自体を否定する意図は決してない。結

論を先取りすれば，関心を向け深く考えることにより，「最善の利益」をめぐる理念や議論に潜むアポリア（解決が難しい問題であること）を確認することが重要なのである。保育の理念自体に難しい課題があることに気がつくことや，いかに対応するかを考えることは，「あなた」の思考に柔軟性をもたせ，より適切な判断を下すことにつながるだろう。むしろ，（法律や指針などにて）すでに制定されているから当然のことであり深く問わない姿勢こそ，うわべだけの把握に陥り，保育実践において浅はかな思考や危うい判断を下しかねない。そうなれば，子どもや保護者，同僚職員の信頼を損ねてしまう恐れがある。専門職者としての「あなた」をその根幹から揺るがしかねない事態は避ける必要があるだろう。そのためにも，「最善の利益」は注意を払いつつ関心を向けるべきキーワードなのである。

第4節　子ども家庭福祉と「保育」

乳幼児期は脳の神経細胞の発達が著しい時期であるとともに，養育者との基本的信頼関係を形成して，対人関係のもち方や心身の発達を促す基礎となるアタッチメントが形成されるなど，人間形成のうえで極めて重要な時期である。

しかし，現代の子どもを取り巻く養育環境は，核家族化や家族の小規模化，少子高齢化，ひとり親家庭の経済的問題，DV等と多くの問題を抱えている。また，生活環境は遊び場の減少，都市化や過疎化の影響で地域コミュニティの希薄化から地域の養育機能が低下し，子育ての悩みや不安を一人で抱え込む親が増えてきている。そうした状況の中で，子育て家庭が孤立して児童虐待が引き起こされて大きな社会問題となっている。さらに，女性の社会進出が進み共働き家庭の増加に伴い，益々，母親の育児負担は増大している。

このように，現代の子どもを取り巻く問題は複雑・多様化しており，子どもと家庭が抱える問題に対処するためには，単に子どもの保育だけではなく，保護者や地域を巻き込んだ子育て支援が重要であるといえる。また，仕事と子育ての両立を支援するため，も子育て家庭を社会全体で支援していく必要が強く求められる。その一環として，多くの乳幼児は保育所や幼稚園等に在園していることから，幅広い保育ニーズに応えられる保育施策が一段と求められる時代となっている。

そこで，今日の子ども家庭児童福祉の理念について考えてみる。子どもは大人の縮図といわれる等，保護・救済的な考え方であったウェルフェアから，人権の尊重・自己実現・権利擁護の視点に立脚したウェルビーイングの考え方になってきている。この考え方に移行した背景には，子どもの権利条約において，子どもの最善の利益を尊重する考え方が，子どもにかかわる活動の基本理念となったことによる。

子どもの権利条約では，「生きる権利」，「育つ権利」，「守られる権利」，「参加する権利」の４つの権利が大きな特徴といえる。また，児童福祉法では，次の条項にあるように，全ての子どもが心身ともに健全に育つことを国及び社会，子どもが生まれ育つ場である家庭が責任をもって保障するように規定している。

児童福祉法　第１条　第２条（一部再掲）

第一条　全て児童は，児童の権利に関する条約の精神にのつとり，適切に養育されること，その生活を保障されること，愛され，保護されること，その心身の健やかな成長及び発達並びにその自立が図られることその他の福祉を等しく保障される権利を有する。
第二条　全て国民は，児童が良好な環境において生まれ，かつ，社会のあらゆる分野において，児童の年齢及び発達の程度に応じて，その意見が尊重され，その最善の利益が優先して考慮され，心身ともに健やかに育成されるよう努めなければならない。
２　児童の保護者は，児童を心身ともに健やかに育成することについて第一義的責任を負う。
３　国及び地方公共団体は，児童の保護者とともに，児童を心身ともに健やかに育成する責任を負う。

こうした児童家庭福祉の理念に基づき，保育所はどのような役割を担っているのであろうか。児童福祉法では次のように規定している。

児童福祉法　第39条（再掲）

第三十九条　保育所は保育を必要とする乳児・幼児を日々保護者の下から通わせて保育を行うことを目的とする施設（利用定員が20人以上であるものに限り，幼保連携型認定こども園を除く。）とする。
２　保育所は，前項の規定にかかわらず，特に必要があるときには，保育を必要とするその他の児童を日々保護者の下から通わせて保育をすることができる。

つまり，家庭での養育を基本にしながら，保育所は様々な理由から保育を必要とする乳児・幼児を保護者に代わって保育を行う役割を担っているといえる。そのため，保護者と連携を取るとともに，保育の内容等について保護者の理解と協力を得るよう心掛け，子どもの養護及び教育を一体的に行なうように心掛ける必要がある。

次に保育士が求められる資質について，児童福祉法では次のように規定している。

児童福祉法　第18条　第43条

第十八条の四　この法律で，保育士とは，第十八条の十八第一項の登録を受け，保育士の名称を用いて，専門的知識及び技術を持つて，児童の保育及び児童の保護者に対する保育に関する指導を行うことを業とする者をいう。 第四十三条の三　保育に関する相談に応じ，及び助言を行う。

このように，保育士の専門性の一つは保育であり，二つめは保護者に対して保育に関する指導をすることである。この保育の指導とは，子どもの保育に関する専門性を有する保育士が，専門的知識・技術に基づいて，保護者が支援を求めている子育ての悩みに対して，保護者の気持ちを受け止めつつ，安定した親子関係や養育力の向上を目指して相談・助言，行動のモデルを提示することである。

以上のことから，保育士は乳幼児期が人としての基礎づくりとなる重要な時期であることに留意しながら，養護と教育をするとともに，複雑・多様化する子どもを取り巻く児童虐待等の問題に対して，保護者や地域の子育て家庭への支援を担う役割がある。

こうした役割を担うに際して，保育士は子ども家庭福祉の理念を念頭において，養護と教育に関する知識や技術を修得するとともに，保護者や地域の子育て家庭への支援をするにあたっては，カウンセリングマインドや福祉制度などの社会資源を活用したソーシャルワーク，さらには関係機関との連携を図る力量が求められている。

第５節　保育所・保育士の社会的責任

1．幼い子どもの命や人生に関与する職業だからこそ，厳しく求められる社会的責任

今後,「あなた」は保育原理の学びを進めていくと同時に，保育所等での実地演習（保育実習や保育ボランティア等）に向けた準備も遅かれ早かれ始めていくだろう。子どもとの関わり方や準職員／ボランティア職員としての留意事項に加え，持ち物や服装，書類の書き方等について綿密に指導を受けるはずである。

もしかすると，こうした過程において「あなた」は「なぜ，ここまで詳細に指示するのだろうか」と養成校（大学等）教員や実地施設（保育所等）職員から発せられる言葉に違和感（わずらわしさ）を覚えるかもしれない。ただ，この違和感は保育の原理を考える上で大切にしてほしい。もちろん，養成校や実地施設からの指導・指示を軽視してよいということではない。そうではなく，専門的な学びを通して構築された保育施設や保育職に対する「あなた」のイメージと一般社会（利用者および地域社会）からの要請との間に見逃すことのできない「隔たり」があるという意味においてである。もしかし

たら，この「隔たり」について「誠実に向き合う／見て見ぬふりをする」ことによって，「あなた」の将来に大きな影響を及ぼすかもしれない。それほど，「あなた」自身が真摯に受け止めるべきテーマといえるだろう。

では，わが国の法律は保育士等に対してどのような要請をしているのか確認してみよう。

児童福祉法　第18条

〔信用失墜行為の禁止〕
第十八条の二十一　保育士は，保育士の信用を傷つけるような行為をしてはならない。
〔秘密保持義務〕
第十八条の二十二　保育士は，正当な理由がなく，その業務に関して知り得た秘密を漏らしてはならない。保育士でなくなつた後においても，同様とする。

いわゆる信用失墜行為の禁止と秘密保持義務（守秘義務）に関する事項である。保育所及び保育士等による保育という営みは，「社会的な信頼」を前提とした法制度によってその正当性を根拠づけられる。そのため，信頼（信用）を失ういかなる行為も禁止とされているのである。さらに言えば，保育士等は幼い子どもたちにとって生き方のモデルになりうるほど，成長に大きな影響を与える存在としてもみなされている。保育士等「せんせい」による発言（「～とあるべき」と述べること）が，そのまま発言者自身の生き方（「せんせい」自身は実際にそうしているのか）に振り返ってくる「再帰性」（佐藤 1994）は，こうした議論を補完するものとして注目される。

確かに，実地に赴く「わたし」は，固有名（個人）としての存在であることはいうまでもない。しかし，併せて保育の専門職をめざす存在，つまり先生として周囲からみられるということを保育職をめざす学生（保育学生）の段階から「あなた」がどの程度意識し，一つひとつ行為に反映させていくかは重要であろう。保育学生による部分的なかかわり（実習）とはいえ，その子にとっては大切な成長の瞬間であり，その保護者にとっては我が子の命を代わりに託す瞬間である。極めて短い期間とはいえ，子どもの命（人生）を預かり，関与しているという職業倫理が社会から厳しく問われているのである。

2．拡がりをみせる社会的責任

先述の議論を含みつつ，保育所・保育士等に課せられる社会的責任は保育所保育指針において次のように規定される。

保育所保育指針　第１章

第１章　総則　１保育所保育に関する基本原則　（５）保育所の社会的責任

ア　保育所は，子どもの人権に十分配慮するとともに，子ども一人一人の人格を尊重して保育を行わなければならない。

イ　保育所は，地域社会との交流や連携を図り，保護者や地域社会に，当該保育所が行う保育の内容を適切に説明するよう努めなければならない。

ウ　保育所は，入所する子ども等の個人情報を適切に取り扱うとともに，保護者の苦情などに対し，その解決を図るよう努めなければならない。

地域に開かれた社会資源の機関として認められるために，保育所は多様な人的交流（子育て支援交流・世代間交流等）や実地体験（職場体験学習等）の機会を設けるとともに，積極的な情報開示が求められている。こうした動向に，いわゆる「苦情解決」も位置づけられる。ややもすれば独善的に陥りやすい保育実践や保育所運営を再検討し，保育の専門性を向上させるきっかけとして苦情をとらえ，園・施設全体の課題として協同的組織的に取り組む必要が唱えられているのである。

第2章

保育の基礎としての子ども観

第1節　子ども観とは何か

1．子ども観の定義

汐見ほか（2017）は，「子ども観とは子どもという存在を，どういう存在ととらえるかということについての一定の体系的な考え方である」と定義している。また，「体系的ではあるが，直観的で一定の価値づけを含んだもの」としてもとらえている。日々の生活の中で，私たち大人は「子どもとはこのような存在である」ということを明白に意識しているわけではないが，「子どもは可愛い」「子どもは大人にはない発想をもっていて面白い」「子どもは聞き分けがない」など何気なくとらえている。また，「子どもはまだ未熟なのだから，いろいろと教えていかないといけない」「子どもは子どもらしくのびのびと育てていくべきだ」など様々な保育・教育観が付随している。つまり，子ども観は子どもを“何げなくとらえている”という意味では直観的でもあるが，そこには“子どもをどうとらえるべきか”“子どもをどう育てるべきか”という保育・教育的な意味づけも含まれているととらえられる。このように，子ども観は，子育てや保育・教育のあり方の根底を支えている。

2．様々な子ども観

汐見ほか（2017）は，世界においては，中世のヨーロッパでは「子ども期」という概念が存在せず，子どもは，ほぼ7歳ごろから大人と同様の仕事や遊びを共有する存在としてとらえられていたと述べている。また，17世紀前後になってルソーが子どもの思いに沿って育てるべきという子ども観の転換を大きく進めたと述べている。フリードリッヒ・フレーベル（Friedrich Wilhelm August Fröbel, 1782-1852）は幼児が自らの内面的なものを表現する力をもっているととらえ，1840年には幼稚園（Kindergarten）を創設している。 1989年には児童の権利に関する条約が国連で採択され，18歳未満の全ての人の保護と基本的人権の尊重を促進することを目的として，児童の様々な権利が認められるようになってきている。

汐見ほか（2017）は，日本においても，17世紀前半は貧困のため捨て子は日常茶飯事であったようだが，生活が安定し始めると，我が子に対する教育への関心が強まるといった子ども観の大きな変化が見られたと述べている。また，柴田（2013）は17世紀前後には，人々の世界観が「神仏」に全てをゆだねる「天道次第」の生き方から，人の主体性を重視する「人次第」の生き方へと大きく転換し，それに伴って政治や地域社会の場で幼児に対する関心が深まり，幼児に手をかける幼児保護の論理に転換したと述べている。

一方，森口（2015）は発達心理学の立場から乳幼児観の変遷について以下のように述べている。19世紀後半から20世紀初にかけて心理学や教育学が盛んになるまでは，乳幼児は「無能な存在」であるととらえられている。その後実験を伴う様々な研究がなされることで，乳幼児は「有能な存在」であるととらえられている。更に20世紀末より急速に進んでいる脳研究によって，乳幼児は大人とは異なる心の世界をもつという意味で，「異なる乳幼児」ととらえられている。

つまり，子ども観は歴史的背景，社会的背景，文化的背景，科学技術の発展などにずい分影響されることが分かる。

第２節　保育者の子ども観を形成するもの

１．子どもの発達のとらえ方

子どもをどうとらえるのかという意味では，子どもの発達に関する専門的知識が必要である。『保育所保育指針解説』（2018）にあるように，子どもの発達をとらえる際には，ある時点で何かができる・できないという画一的で一面的なとらえではなく，一人ひとりの子どもが成長していこうとする過程，つまり発達過程というとらえが大切である。子どもの姿を，その場その時に「点」として見て，時間の経過を追って「線」として見て，他の保育者や保護者などのとらえ方もふまえながら「面」として見ることが，子どもの発達過程をとらえることにつながっていく。

しかし一方で津守（1987）は，子どもの姿について過去や未来から現在を見ないとも述べている。つまり，子どもの過去を見る際に，例えば子どもがこんなふうに行動するのは家庭のしつけが悪いという見方をすると，現在の子どもをありのままに見ることができない。また子どもの未来を見る際に，例えば子どもが将来困らないようにという見方が強すぎると，やはり現在の子どもをありのままに見ることができないと述べている。子どもの発達をとらえる際に，成長していこうとする過程を見ることは大切だが，その際に“過去がこうだったから”“未来にこうなってほしいから”というレッテルを貼ってしまうことで，「現在」の子どもが見えなくならないようにということを指摘していることが分かる。

また大場（2007）は，発達の見方に習熟することが，子どもの味方になることを強めるのか，それとも妨げるのかということについて言及している。つまり，子どもの成長を表面的に子どもの心もちから離れたところで見るのではなく，あくまでも子どもの心もちに寄り添い，その子なりの成長を支えるために発達の見方に習熟することが必要である。

2．保育者自身の経験

筆者自身が子どもだった頃，幼稚園に通っていた際には人見知りが強く，集団の中で自分の思いを出すことが苦手で，いわゆる“大人しい子”であった。自分自身がそのような幼児期を過ごしてきたので，大人になって保育者になっても，子どもには子どもなりの成長のペースというものがあり，その子に応じた支援が必要だということに価値をおくようにしていた。また，なかなか自分の思いを言葉で表現することが苦手な子どもの姿を見た時に，“本当はどんなことを思っているのだろう”とその子の表情や仕草など，言葉にならない心の声を聴くことを大切にしたいと思ってきた。

筆者が保育者だった頃，集団で過ごすことに抵抗があるのか，子どもたちみんなが保育室に入る頃になると，急に保育室から外に飛び出すA児に出会った。1クラスを1人で担任していたので，クラス全体を見ながらA児の様子にいつも気をつけなければならない状況は，時に疲弊してしまう心境をつくりだしていることも事実であった。ある日のこと，A児が保育室から外に飛び出しそうな気配を感じ，保育者がさりげなくA児に近づこうとしていたところ，B児が「先生，Aちゃんを見ておいてあげようか？」と保育者に声をかけにきたのである。そして，B児は「Aちゃん，一緒に行こう」とA児と手をつないで元に戻っていったのである。B児に手をつないでもらったA児は穏やかな表情で元に戻っていったのである。保育者は，心からホッとし，心から嬉しく，そしてその時に保育の現場は，“子どもたちと保育者が共に過ごす場”であるということ，“子どもたちから学ぶ場”であるということを実感できたのである。

このように保育者自身の経験によって，保育者の子ども観は形成されていく。

3．様々な応答関係の中で生じる保育者の「構え」と「揺らぎ」

浜口（2008）は，保育の実践前後の身体性に表れる育ち観を「構え」と表現している。日常生活の中では「心構え」「身構え」という言葉でも示される。例えば本章の第2節「2．保護者自身の経験」に示したエピソードであれば，時に疲弊してしまうことになりがちであるが，“今日もA児には疲弊感を示すことなく，よさをとらえるようにかかわろう”という「心構え」だったり，保育室から外に飛び出すかもしれないA児の状況に，A児や他児が安心して過ごせるように，“さりげなく”A児に近づこうとする「身構え」だったりする。この「構え」は，子どもたちと実際に向き合う中で，あるいは自分の保育を振り返る際に自分自身と向き合う中で培われていく。また，他の保育者との話し合いの中で“もっと気持ちにゆとりをもってA児とかかわるようにしよう”と自分の在り様を見つめ直したり，保護者との連携の中で“A児のよさをお母さんと共有できるように，A児のよさをみつけていこう”と心に決めたりする中でも培われていく。つまり，保育者が子どもをどうとらえるのかという子ども観は，自分や子ども，他の保育者や保護者など様々な応答関係の中で生じる「構え」によって形成されていると言える。

一方，保育者は日々の保育の中で「揺らぎ」も抱えている。“今日は子どもにこのようにかかわったけれど，それで本当によかったのだろうか？”と子どもとのやりとりの中で自分と向き合い，揺らぐことがある。“私は子どもに一生懸命かかわっているつもりだけれど，それはあせりなのだろうか？”と他の保育者とのやりとりの中で自分と向き合い，揺らぐことがある。“私は子どもをこのようにとらえていたけれど，それは一面的なとらえでしかなかったのだろうか？”と保護者とのやりとりの中で自分と向き合い，揺らぐことがある。つまり，保育者が子どもをどうとらえるのかという子ども観は，自分や子ども，他の保育者や保護者など様々な応答関係の中で生じる「揺らぎ」によっても形成されていると言える。

このように，様々な応答関係の中で生じる保育者の「構え」や「揺らぎ」が織り成されながら，保育者の子ども観は形成されていく。

第3節　子ども観と保育の内容・方法との関連

1．子ども観と保育の内容

<エピソード1>

何気なく周囲の状況を感じとる（2003年1月　3歳児のクラス便りより）

着替えをしていたDちゃん。手がかじかんで思うように着替えることができずに，ついに涙と泣き声が……。すると，たまたまそばを通りかかったEくんが，どうしてDちゃんが泣いているのかを状況を見て感じることができたのでしょうね。EくんはDちゃんが服を脱ぐのを手伝ってくれます。上着を頭の上まで引っ張って脱いでみたら，Dちゃんの髪の毛がぐちゃぐちゃになっています。すると，Eくんが可愛い手のひらで何度も何度も優しくDちゃんの髪をなでてくれるんですね。あらあら，いつの間にやらDちゃんの涙も泣き声もどこへやら……。

Eくんだって，最初の頃は「きがえられないよお」と言っていましたのに，いつの間にか大きくなっちゃって。でも，自分だって着替えられない経験があったからこそ，Dちゃんの状況を把握して，手を差し伸べることができたのかもしれませんね。

子どもたちの姿の中のごく一例です。「思い」を出すことに一生懸命な子どもたちですし，今はそのことをしっかり大事にする時期です。ですが，一方で集団生活の中でこのように様々なことを感じとる機会も多くあるのですね。私たちは一人で生きているわけではなくて，このような様々な人の中で（もちろん家庭での人間関係も含まれるのです），様々なことを感じとり，それを学びとしながら自分の人生の中に蓄積していっているような気がします。ですから，様々な人との出会いを大切にしていきたいですね。

保育者は，自分の思いを出すことに一生懸命だという３歳児の発達的特徴をふまえながらも，実際の子どもたちを丁寧に見て集団生活の中で互いにかかわり合って育っている事実をとらえ，そこに価値があることを再認識している。「様々な人との出会いの中で子どもは育っていく」というのは，保育現場という集団生活では当然の子ども観ではあるが，具体的にはどういうことなのかということを，実際の子どもたちの姿を丁寧に見取ることで保育者は理解するようになってきている。そのような意味では，子ども観とは保育の根底を支えるものでありながら，一方で具体的にとらえることで保育内容に還元されていくものだと言える。

２．子ども観と保育の方法

＜エピソード２＞

受け入れてもらえる喜び･認めてもらえる喜びって？（2003年９月　５歳児のクラス便りより）

お片付けの時間にみんなが片付けているのに，要領よく逃げていて，みんなが片付け終えた頃にゆっくりと保育室に入ってくる姿を見受けることがあります。私は子どもたちが成長していくプロセスの中で，しんどいことや面倒くさいことからは適当に逃げて，まあ誰かがやってくれたからいいやっていう人に育ってほしくないのです。みんなで頑張ろうというたくましさや本当のやさしさを身に付けてほしいのです。そんな想いがあるから，「今みんなどうしてる？」「まだ遊びたいのかもしれないけど，今は何をする時なの？」と周囲に気づけるようなきっかけをつくったり，きちんと叱ったりします。

そのようなことを言いながら，私自身はすっきりしなくて時々悩むのです。だって，子どもたちの表情を見ていると，心から素直に受け止めているわけではなく，“先生に言われたから仕方なくやっている”という雰囲気の時もあるのですね。どうしたら，子どもたち一人一人が片付けを納得しながら自分のこととしてやれるんだろう……。

結論としては，やはり子どもをよく見ていくことから始まるのだろうなということにいきつきます。例えば先ほどの場面では，きちんと言うことは言いますけれど，言いっぱなしではなく，どこかでその子なりに頑張ろうとする場面は必ずあるはずだから，そこをしっかり見取ろうと心に決めるのです。するとですね，子どもなりにやろうとする所はあるのです。そこをしっかり認めると，そこで子どもはやる気になるのです。そこまで見取って「そうだよ。それでいいんだよ」と心と心が通じる瞬間ができるのです。このようなこと全てを含めて「受け入れてもらえる喜び」「認めてもらえる喜び」につながっていくような気がするのです。

小田（2001）は，「良さを認める」とは，単に表面的にほめればいいのではなく，子どもの内面に育っている良さに心から寄り添って感動することで，実のある「ことば」が語られなければ，生き方としての「意欲」には結びつかないと述べている。つまり，子どもは大人の心からの想いを受け取ることで成長していく存在だととらえている。また佐伯（2013）は，子どもは本当に真剣に生きている人間だととらえることが大事で，たかが「子ども」だという思いが滑り込んできた途端に，適当にあしらうということが大人の側に出てくると述べている。つまり，子どもを未熟な存在だととらえるのではなく，一人の人間として真剣に生きている存在だととらえている。

上記のエピソード２でも，子どもは心から受け入れてもらったり，認めてもらったりする喜びを味わうことで成長できるということ，子どもの行動には自らの意欲が伴うことに意味があるということを保育者はとらえている。このような子ども観に基づいた保育を展開するためには，子どもをよく見取り，子ども自身の心に響くようなかかわりを模索し，子どもを見守るという営み，またそのことを通して子どもが本来もっている力に保育者自身が気付き，子どもから学ぶという姿勢が必要なのではないだろうか。

３．「子どもの傍らに在る」ことと「子どもが傍らに在る」こと

大場（2007）は，子どもの傍らに在るという保育者の存在の仕方が，子どものストーリーについて語る力の源でもあると述べている。つまり，保育現場における子どものとらえ方，子ども観は，保育者がどのような立ち位置で子どもにかかわっているのかということによってかわってくると言える。

<エピソード３>

心と心が通じるということ（2004年３月　５歳児卒園時のクラス便りより）

「エルマーとりゅう」の探検に行った時のこと。子どもたちはエルマーとりゅうからもらった宝物（子どもたち全員分のお手紙つきの折り紙）を見つけて保育室に帰りながら，「あっ，りゅうの体が見えた！」「りゅうくん～！ありがとう～！」と空に向かって大きな声でそれはそれははりきって嬉しそうに叫んでいました。本当に素直な子どもたち。先生はこんな

に素直なあなたたちと過ごせて本当に幸せだよ。きっと，りゅうくんやエルマーくんが夜遅くまで折り紙を折ったのだと思います。“子どもたちは果たして喜んでくれるかなあ”なんて思いながら……。子どもたちが折り紙を大事そうにわざわざビニール袋に入れて持ち帰っている姿などを見ると本当に嬉しかったですね。やはり心は通じるのですね。夢や希望をもち続ける気持ちを忘れないでね。

子どもたちの卒園というひとときに，「しあわせ」について考えてみました。

人によってしあわせの中身は様々なのかもしれませんが，心と心が通じ合ったという実感を味わっている時に，“しあわせ”なのかもしれません。通じ合う心の相手は親かもしれない。子かもしれない。友だちかもしれない。あるいは名も無き花なのかもしれない。幸せを感じる対象はきっと多々あることと思います。これから未来を生き抜いていく子どもたちが，心が通じ合う対象を少しずつでいいから見つけていって，“しあわせ”な人生を築いていってほしいと心から願います。“しあわせ”を感じている時には必ず“ほほえみ”が伴います。もしかしたら大きな苦難を乗り越えた後に感じるしあわせだってあるかもしれない。どうぞ“ほほえみ”を忘れない人生を！

5歳児担任の保育者が，『エルマーとりゅう』(1964) の物語絵本を毎日少しずつ読み続けていた頃，エルマーとりゅうに手紙を送るという保育の展開を子どもたちと保育者が共に楽しんでいた。卒園間近になり，エルマーとりゅうからのお手紙をもとに探検に出かけ，エルマーとりゅうから折り紙のプレゼントをもらうというひとときのエピソードである。折り紙のプレゼントは，保育者が子どもたちが喜んでくれるかなという想いで夜遅くまでかかって用意している。“子どもたちが喜んでくれるために”という意味では，保育者は「子どもの傍らに在る」存在であろうとしているのだと思うが，一方で「子どもが傍らに在る」からこそ，保育者は子どもたちのために身を尽くし，心を尽くすことに喜びを感じているとも言えないだろうか。そのような応答的な関係を，保育者は“心と心が通じ合う”ととらえ，そのことを“しあわせ”ともとらえている。保育における子ども観は，子どもたちがどのような人に育っていくことがしあわせなのかということを追究し続けることで培われていくものなのかもしれない。

第3章

保育の質の向上のための乳幼児の発達と子ども理解

第1節　乳幼児の発達の原理・原則

1．発達の原則：順序性と個人差

人間の発達には多くの人に共通して見られる原則がある。たとえば，生まれたばかりの赤ちゃんがどのようにしてひとりで歩くことができるようになるかというと，まずは首がすわり，次に寝返りをするようになり，ひとり座りができるようになり，はいはい，つかまり立ちというプロセスを経て，ひとりで歩けるようになる。当たり前のように思うかもしれないが，はいはいやつかまり立ちを飛び越えてひとり歩きができるようになることはないのである。これが第一原則の発達の順序性である。同じようにものごとの認識の仕方にも発達の順序性がある。

発達の順序が共通しているからといって，誰もが同じ時期に同じような発達が生じるとは限らない。発達の早い子どももいれば，のんびりとした子どももいるのである。これが第二原則の発達の個人差である。図3-1は運動機能の通過率をグラフにしたものであるが，ひとり歩きの場合，生後9か月を過ぎたくらいから歩き始めるようになる子どももいれば，生後15か月や16か月になってようやくひとりで歩けるようになる子どもも

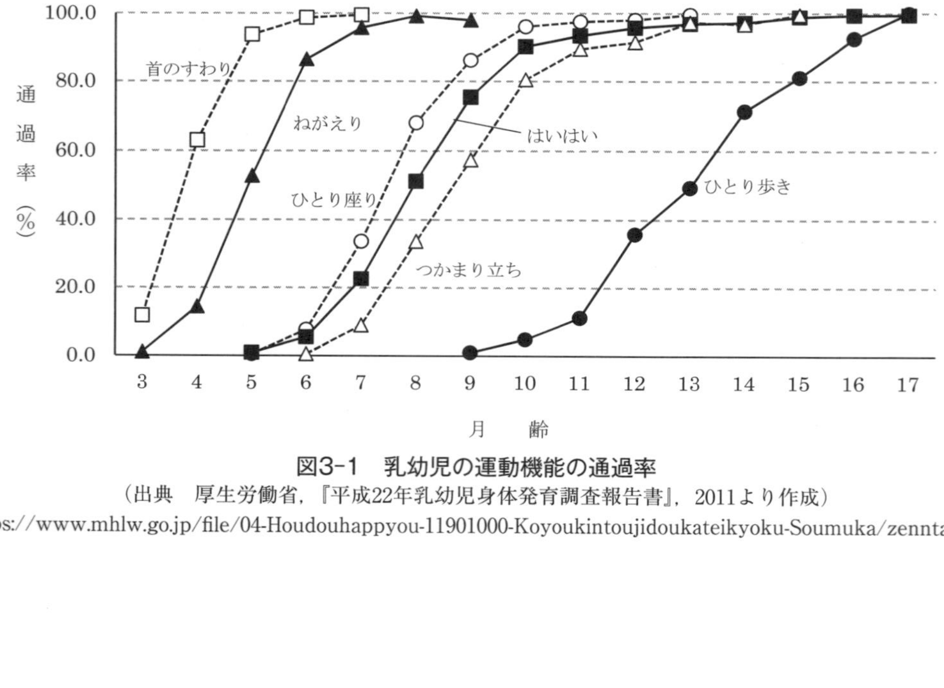

図3-1　乳幼児の運動機能の通過率

（出典　厚生労働省，『平成22年乳幼児身体発育調査報告書』，2011より作成）
https://www.mhlw.go.jp/file/04-Houdouhappyou-11901000-Koyoukintoujidoukateikyoku-Soumuka/zenntai.pdf

いることがわかるであろう。また，首がすわるようになる時期，寝返りをするようになる時期，はいはいをするようになる時期にも個人差があることが見てわかる。

2．発達の原理：どのようにして発達は生じるのか？

では，個人差はあるものの一定の順序性がある発達はどのようにして生じるのであろうか。一定の時間や期間が経過すれば，自然と生じるものなのであろうか。

たとえば，寝返りをできるようになったばかりの赤ちゃんの気持ちになって考えてみよう。

> 寝返りができるようになるまでの赤ちゃんが知っている世界は，天井，あるいはせいぜい首を横に回して見える範囲に限られている。それが寝返りをできるようになると今まで違う別世界が突然現れるのである。しかし寝返りができるようになった赤ちゃんにとって重たい頭を持ち上げることは難しいことである。新たに出現した世界を見ようと，何とか頭を持ち上げようとしているうちに，徐々に頭を起こすことができるようになり，さらに腕や手を使って上体を持ち上げることができるようになる。すると赤ちゃんの目の前には奥行きのある世界が広がっているのである。すると今度は，目の前に広がっている世界に触れてみたいと思うようになり，そこに自ら近づこうとする。上体を支えている両腕の一方を前に出そうとするが，その瞬間バランスを崩してつぶれてしまう。しかし，目の前に見えるものが気になるので，もう一度上体を起こし，腕を前に出そうとする……。といったことを繰り返しながら，しだいにはいはいができるようになっていく。

このように，ある段階から次の段階へと移る時期を丁寧に見ていくと，目に見える発達的変化は，子どもなりの「○○したい」によって支えられていることがよくわかる。白石（1994）が「発達は，あくまでも子どもの願いによって，発展の過程を歩むことができるのです。『自分も○○したい』，『自分も○○できるようになりたい』という子どもの願いがないならば，本当の発達の力は獲得されていかないのです」（p.18）と述べているように，子どもの願いや欲求こそが発達の原動力となるのである。

しかし，願いがあれば必ずしも発達が生じるわけではない。子どもが願いをもつということは，同時に「○○したい，けれどもできない」という悩みを抱えることにもなる。発達が実現していくには，このような矛盾を抱えながらも，それを乗り越えていこうとあきらめることなく，挑戦していくという「前向きな葛藤」（白石 1994，p.20）が必要といえる。そして，その前向きの葛藤は保育者や親などの大人，あるいはクラスの友だちからの励ましや応援によって支えられているのである。

3．発達の最近接領域

子どもが今「できること」と子どもの「願い」との間には，当然ながらへだたりがある。そのへだたりがあまりも大き過ぎる場合，いくら大人や仲間の励ましや支えがあったとしても挑戦しようとする気持ちは長続きしない。つまり，子どもの今の発達水準と，「○○したい」と願う水準とのへだたりが適度でなければ，発達は生じないのである。では，適度な水準とはどのようなものであろうか。

ヴィゴツキー（Lev Semenovich Vygotsky, 1896-1934）によると，現在の発達水準と大人や仲間との協同のなかで解決可能な水準との間にはへだたりがあるという。そして，そのへだたりを「発達の最近接領域」と呼び，「発達の最近接領域」における活動こそが，子どもの発達を導くと考えた（土井ら訳 2003, p.63-64）。他者からの援助や助けがあれば達成できる領域の場合，最初のうちは他者の力を借りて達成できていたことが，経験を重ねるにつれてしだいに自分１人でもできるようになっていくのである。一方，他者からの援助や助けがあっても達成することができない領域の場合，子どもにとってはハードルが高過ぎるため発達が生じないのである。つまり，他者との協同によって達成できる水準こそが適度なへだたりといえる。

第２節　乳幼児期の年齢別の発達の特徴

１．０歳児（生後～おおよそ１歳未満）

生まれたばかりの赤ちゃんは，お乳やミルクを飲ませてもらったり，オムツを換えてもらったり，抱っこしてあやしてもらったりと，周囲の大人の助けなしには生きていくことができない。しかし，何もできないからといって受け身的な存在ではない。生まれた直後から，人の顔をじっと見つめたり，心地よいときに「にたぁ～」と微笑んだり（生理的微笑），あるいは不快なときには泣いたりするが，このようなしぐさや表情，体の動きによって周囲の大人たちは自然と赤ちゃんに引きつけられ，ついつい微笑み返したり，話しかけたり，頭をなでたり，抱っこしたりしてしまう。つまり，赤ちゃんには生まれながらにして人とかかわる力が備わっているといえる。そして，首がすわりはじめる前後の時期には，他者と目があったときに微笑みを浮かべたり（社会的微笑），他者に向かって「アウ」「バブ」と発声したり（喃語）するようになり，他者とのかかわりにおける能動性がより明確になってくる。さらに９か月を過ぎた頃になると，他者の視線の背後にはその人の興味や関心があることに気づき始め，相手と同じ方向に自分も視線を向けるようになる。相手が注意を向けている対象に自分も注意を向けることで，心の状態を共有できるようになるのである。同じ対象に注意を向けているときに，「ブーブーだね」「ワンワンがいるね」「おっきいねぇ」と大人が言葉を添えていくことで，子どもは言葉を獲得していき，次第に子どもの方から指さしをしながら「ブーブー！」「ワンワン！」と発見の喜びを相手に伝えようとする姿が見られるようになる。

2．おおむね1歳ごろ

初めての誕生日を迎えるころになると，ほとんどの子どもがはいはいをするようになり，ひとり座りやつかまり立ちができるようになっている。それまでは離れたところから見るだけであったモノが，自由に動き回る力を獲得したおかげで，自らそのモノのところまで移動し，直接触れることができるようになるのである。さらにこの時期には，直接目に見えないところでもモノが存在することに気づくようになるため（対象の永続性の理解），子どもの目線からは見えないであろう机や棚の上，あるいは引き出しの中にも「何かあるかもしれない！」「何があるんだろう！」と気になって仕方がなくなってしまう。このような子どもの興味・関心に基づく活動は探索活動と呼ばれ，1歳前くらいから見られるようになる（今井　1990）。探索活動は「子どもが身近な世界のいろんなものに積極的に関心を持って，主体的に動き回って，モノとじっくりとかかわり合って，いろんなことを身体全体をとおして感じて知っていくという経験」（富田　2009, p.144）であり，子どもらしい感情を耕したり，たくましい自我を育てたりするうえできわめて重要な経験と考えられている。

3．おおむね2歳ごろ

2歳ごろになると足取りが安定し，走る力やバランスをとる力が飛躍的に伸び，まるで思い通りに動き回れるようになった自分自身の成長を喜んでいるかのように，走ったり跳んだりすることそのものを楽しむような姿が見られるようになる。また，手指の動きも巧みになり，服のボタンをはめたり，クレヨンで円を描いたりできるようになる。このように生活における主体としての第一歩を踏み出す一方で，日常生活のなかで大人がしている魅力的な出来事を，マネしてみたくなるのもこの時期である。2歳は「偉大なる模倣者」（高浜ら監修 1984, p.46）と言われるように，身近な大人が普段していることが子どもの目には魅力的なものに映り，すぐにマネをしてみたくなるのである。最初は単に大人のマネをするだけであるが，次第に自分なりのアレンジを加えたり，状況に合わせて変化させたりするなどしてイメージの世界を広げていき，より豊かな「ふり遊び」や「みたて遊び」へと発展していく。

また2歳ごろは「イヤイヤ期」とも呼ばれるように，他者からの提案や誘いに対して「イヤ！」「ダメ！」と抵抗し，自己主張が激しくなる時期でもある。フランスの発達心理学者ワロン（Henri Wallon, 1879-1962）は，２歳前後を境とした子どもの自分に対する意識の変化について次のように述べている（浜田訳 1983, p.29-30）。

> それまで子どもは，場面に完全に浸りきり，場面を全体として漠然と知覚しているにすぎず，まだそこにおける自分の役割や視座を明確に設定できずにいました。そのような場面の時期をこえると，子どもは，どういう場面でもどういう場合でも，相手の意志に対してかたくなに自分の意志をつきつけていく時期をむかえます。

つまり，２歳より以前の「場面に完全に浸りきり，場面を全体として漠然と知覚している」段階では，「自分」と「他者」とが区別されることがないため，他者からの誘いや指示に対して，「自分」の意志を感じることなく，ただ「うん」と答えてしまうのである。２歳前後になると「自分」に気づき始めるものの，まだまだ「自分」と「他者」との境界があいまいであるため，「他者」の提案に従うと「自分」がなくなってしまいそうな感覚に襲われる。ようやく意識し始めた「自分」と「他者」と線引きを明確にするために,子どもはとりあえず「イヤ！」と反抗するのである。「ご飯食べる？」「イヤ！」「じゃあ，あとで食べる？」「イヤ！」といった大人にとっては頭を抱えてしまうようなやりとりも見られる時期ではあるが,子どもの目線に立つと,何かをすることが「イヤ！」ではなく，単に相手の意志に従うことが「イヤ！」なのである。

「自分」と「他者」との境界があいまいという特徴は，子どもたちの遊びにおいても現れる。数人の子どもたちが保育者を追いかける「追いかけ遊び」(勅使 1999）や子ども同士でお互いの動きを模倣し合う「相互模倣」のように，みんなで同じ行為をすること自体をおもしろがるような姿が２歳ごろではよく見られる。同じ行為をすることで自分と他者とをへだてている境界が融けるような感覚に陥り，その一体感のなかで「おもしろさ」「楽しさ」が伝染していき，心地よい情動を共有できるのであろう。

４．おおむね３歳ごろ

２歳ごろに探索活動を行ったり，身近な大人たちのマネをしたりして自信を育んできた子どもたちは，３歳の誕生日を迎える頃になると，「周りの人と同じように何でもできるんだ」という自信に満ち溢れた姿を見せるようになる。しかし実際には，遊びにしても，生活にしても，うまくいかないことのほうが多い。にもかかわらず，この時期の子どもたちは，そんなことを全く気にせず果敢に何度もチャレンジするのである。このように確かな根拠はないけれど自信満々な３歳児を神田（2004）は「イッチョマエの３歳児」と呼んでいる（p.16-32）。自分のことができていないのに，友だちや年下の子どものお手伝いをしようとする姿がよく見られるが，そこには「ちゃんとできる自分」「一人前の自分」をアピールしようとする３歳児特有の強い気持ちがある。

子ども同士のかかわりに目を向けてみると，他の子どもたちがワイワイと楽しそうなことをしていると「なんだかおもしろそう！」「とにかくやってみたい！」という気持ち（ノリ）によって集団が形成されるようになる。他者の気持ちや考えていることを細かく分析することはまだまだ苦手な時期のため，楽しそうな動きや表情，音などにつられて「なんだか楽しい」「なんだか心地いい」という時間や空間を共有するのである。また，時間や空間を共有しながらも，お互いに直接かかわることなく，自分の世界で黙々と遊ぶ姿が砂場などではよく見られる。このような遊びは「平行遊び」と呼ばれ，集団遊びへの橋渡し役としての機能をもっていると考えられている（Bakemanら 1980, p.873-878)。自分の世界に浸り，没頭するような遊びを繰り返していくなかで，個の世界が充実していき，やがて「見て見て！」と自分から他者を求めたり，他の子どもがしていることに関心が向いたりするようになる。平行遊びを通して内の世界が充実すると，外の世界に目が向けられるようになり，集団遊びへとつながっていくのである。

５．おおむね４歳ごろ

「イッチョマエの３歳児」に対し，神田（2004）は４歳児，５歳児をそれぞれ「ふりかえりはじめる４歳児」(p.76-77)「思いをめぐらせる５歳児」(p.154-157)と表現している。たとえば，何の脈絡もない状況で突然「すごいね」とほめたときの幼児の反応を調べた研究によると，３歳前半の子どもで約９割，３歳後半の子どもでも約６割が「すごいね」という評価に疑問を持つことなく受け入れるような反応（図3-2における「対応」）を示すのに対し，４歳以降の子どもたちは約６割以上が，評価に対して怪訝そうな表情を浮かべ，「どうしてすごいの？」などの疑問（図3-2における「疑問」）を呈するようになるという（加用 2002, p.17-29)。４歳児は「すごいね」とほめられると，自分の言動をふりかえり，「すごい」に値することがあったかどうかを探るようになるのである。そのため，３歳ごろに見られていた，何に対しても自信満々という姿は徐々に減っていき，新たなことに挑戦しようとするときには，３歳のころのように前だけを見て果敢に挑むのではなく，ひとまず立ち止まって考え，これまでの経験に基づきながら，できそうかどうかを考えるという姿が見られるようになる。そして，ときには「できるかな，できないな……，でも，できるかな」「やってみたいんだけど，できなかったらどうしよう……」といったように気持ちが揺れ動き，なかなか一歩目が踏み出せないこともある。

一方，子どもたちの遊びに目を向けると，３歳ごろに平行遊びなどを通して，自分の

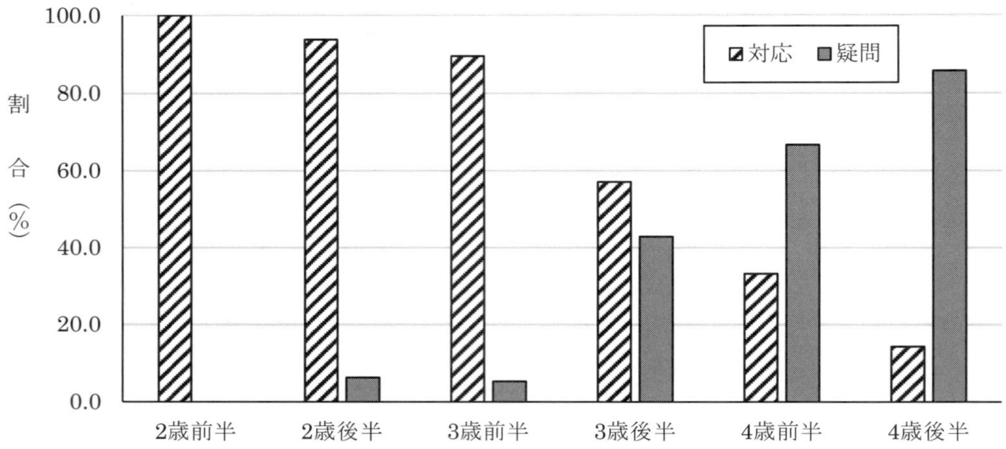

図3-2　突然の「すごい」に対する反応
（出典　加用文男「幼児のプライドに関する研究」『心理科学』，2002より作成）

イメージをふくらませながら自分の世界に没頭してきた４歳児は，自己の内的世界が充実してくると，そのイメージを他の子どもに伝えようとするようになる。特におままごとコーナーでは家族ごっこのようなごっこ遊びがよく見られるようになる。しかし，この時期の子どもたちにとって，相手の「イメージ」に合わせて自分の「イメージ」を変更したり，お互いの「イメージ」を共有するためにコミュニケーションを重ねたりすることは容易ではない。「わたし，お母さんやりたい！」「え～，わたしもお母さんがいい……」「でも，お母さんはひとりなの！」「でも，わたしもやりたいの！」といったように，自分の「つもり」と相手の「つもり」が衝突してしまい，そのままケンカ別れになってしまうこともよくある。また，４歳ごろは決まりごとやルールに従って行動できるようになる時期ではあるが，その約束事をかたくなに守ろうとする時期でもある。家族ごっこの場合，「一家族にお母さんが２人」というのは現実ではありえないこと，つまり日常生活に基づいたルールからは逸脱しているため，４歳児は「お母さん役は１人」にこだわろうとするのである。

また仲間とのかかわりにおいて，４歳ごろになると「わたしたち」という仲間意識がめばえてくるため，これまでのようにノリだけでは乗り越えることができなくなってしまう。特に「他者と同じ物を持つ」ことの重要性が高まり，子どもたちの間に「仲間であるから同じ物を持つ」「同じ物を持つから仲間である」という不文律が存在するようになったり（砂上 2007, p.6-24），同じ物を持たないことを理由に仲間集団から排除されるようになったりする（岩田 2011, p.41-51）。

6．おおむね5歳以降

5歳になると神田（2004）が「思いをめぐらせる」と表現した（p.154-157）ように，自分自身のことや他児のことなどをいろいろな角度から考えることができるようになる。たとえば，何かを評価する際，4歳児は「いい―悪い」「できる―できない」というように2つの選択肢のうちのどちらかを用いて評価するが，5歳を過ぎるとその中間には「ちょっとだけいい」「ふつうくらい」といった選択肢もあることに気づくようになる。つまり「いい」と「悪い」という2つの選択肢の「間にある世界」に思いをめぐらせることができるようになるのである。「間にある世界」を発見した5歳児は，「変化」のあるものや「すじみち」をたどって楽しめるものに興味や関心をもつようになり，カードゲームやしりとりなどで次を予想したり，展開を楽しんだり，ストーリー性のある絵本を好んだりするようになる（服部 2000, p.190-191）。また，「あのね，それでね，……」「～だから，……」といった言葉を使って話をつなげ，自らすじみちをつくろうとするようにもなる。

「間にある世界」を発見すると，あることがらに対して複数の判断が存在することにも気づくようになり複数の判断を結びつけて結論を導くようになるのである。次のエピソードは，お泊り保育を終えた直後の年長児ミナコとの間で交わされた会話である。

朝のあつまりの前，いすを並べていたミナコ（5歳10か月）が近寄ってきて，

ミナコ「これ，だれからのてがみかしってる？　やまんばからのてがみやで」と部屋のかべにはってあるおどろおどろしい字で書かれた手紙を指さす。

筆者「おーっ。やまんばってこーんなかみの毛（逆立ててみせる）でこわいよね。やっぱりこわかった？」

ミナコ「うん……。でも，ファイヤーの火つけてくれた。こわかったけど，ちょっとだけやさしかったで」

（服部 2000, p.190-191より筆者が作成）

「やまんば」に対して「こわい」という評価だけでなく，「やさしい」という一面も見出し，2つの判断から「こわかったけど，ちょっとだけやさしかった」というミナコなりの結論を出しているのである。

神田（2004）は，1つの判断で行き止まりになってしまうという窮屈な4歳児の世界から抜け出し，5歳児はゆとりと創造性を生み出せるようになると述べている（p.172）が，このような変化は遊びの場面でも確認できる。家族ごっこで「お母さん」になりたい子が2人いたとしても，「じゃあ，○○ちゃんはお家に遊びに来たお友達のお母さん

をするっていうのはどう？」と場面を設定し直したり，鬼ごっこでオニ役がコ役を捕まえることができないと「オニを増やしたらどう？」と提案をしてルールを作り直したりするように，子ども同士で話し合いを重ねながら状況に応じた展開を創り出していけるようになるのである。

第３節　乳幼児の発達をとらえる保育者のまなざしと子ども理解

１．「発達」をとらえる３つの視点

子どもの発達は，①子どもとしてもっている共通性から見た発達（発達の一般性），②子どもがおかれている社会の特殊性からみた発達（発達の特殊性），③子ども一人ひとりの個性（発達の個別性），という３つのレベルでとらえられる（都筑 2000, p.140-141）。１つ目の発達の一般性とは，時代や文化に関係なくヒトに共通して見られる発達の特徴であり，発達理論などがその代表である。２つ目の発達の特殊性とは，時代の特徴や文化の特徴などを考慮した発達のとらえ方である。３つ目の発達の個別性とは，一人ひとりの気質や性格などをふまえた上での発達のとらえ方である。つまり，子どもの発達は，ヒトとしての発達の道筋が基礎にあるものの，時代における影響や社会・文化の影響，そして一人ひとりの個人差を考慮しながらとらえていく必要がある。

一般的な発達の筋道と照らし合わせながら，生活や遊びにおける子どもの姿から，個々の「いま」の発達の状態を捉える。そして発達理論などを手がかりに，これからどのように発達していくのかを見通した上で，目の前の子どもあるいは子どもたちの興味や関心，これまでの経験などに合わせて，その子たちにとって，より適した活動や環境を考えていくことが重要である。また，社会的背景やその時代の特徴をふまえた上で，「いまの子どもたち」の家庭や地域でどのような経験が不足しているのかを検討し，家庭や地域での経験が十分ではないと思われる活動を保育のなかで意図的に補っていくことも必要といえる。

２．発達過程における気持ちの揺れ動き

発達理論などを学ぶと，年齢などによって区切られた発達段階があることがわかる。発達段階という発達のとらえ方は，多くの子どもたちに共通する発達の道筋を理解したり，目の前にいる子どもたちの発達の位置づけを理解したり，今後の発達を見通したりする上で非常に役に立つ。一方で，発達段階という見方によって見落とされている点もあることに留意する必要がある。発達とは，発達段階で示されるように，年齢とともにできることが増え，それが階段のように積み上げられていくというイメージでとらえる

ことができる。しかし，『保育所保育指針解説』では，「実際の子どもの育ちの姿は直線的なものではなく，行きつ戻りつしながら，時には停滞しているように見えたり，ある時急速に伸びを示したりといった様相が見られる」(p.21)ように，発達のプロセスにおいて子どもは，さまざまな気持ちを抱き，揺れ動きながら，少しずつ歩みを進めていくのである。挑戦的意欲が育つサイクルには「葛藤や失敗」というプロセスが含まれていたり（秋田 2015），新たな能力を獲得した後には，次のレベルの活動に移るのではなく，しばらくは獲得の喜びに浸るかのように同じような活動を繰り返したり（白石 1994）するなど，ときにネガティブな感情を抱えながら，ときには内面の充実を図りながら，発達していくのである。

この発達プロセスにおける気持ちの揺れ動きを詳細に見ると次のようになる。まず，安心を土台にして，「何かおもしろそうなもの・楽しそうなものはないかなぁ」と探索を始め，興味あるものや不思議な出来事などに出会うと，「やってみたい！」「どうしてなのか知りたい！」といった願いをもつようになる（探索期）。次に，その願いを達成するために挑戦しようとするが，うまくいかなかったり失敗したりを経験し，心が折れそうになることもある。そのようなとき周囲の人たちの励ましや助けに支えられながら，前向きな気持ちで葛藤していくことで，ようやく願いを叶えることができる（挑戦期）。そこで得られる達成感や充実感はなにものにも代えがたいものであるが，共感してくれる他者がいれば，その達成感や充実感はさらに増幅する。そして，葛藤を通して新たな能力の獲得した子どもは，その喜びに浸るかのように，同じような行為や活動を何度も繰り返す（充足期）。獲得した能力をいろいろな場面で発揮し，確実に自分のものにしていくことで，充足感が満たされてくると，周囲に目を向けるようになり，「もっとおもしろそうなもの・楽しそうなものがないか」，新たな探索を始めるのである。このように，「探索期」「挑戦期」「充足期」という3つの経験を通して，たしかな発達がもたらされるといえる。何かに挑戦している際は，目立った活動や行動が見られるため，子どもの気持ちも比較的理解しやすいが，「探索期」「充足期」においては，活動や行動に大きな変化が見られないため，どうしても子どもの気持ちが見えにくくなってしまう。今やっている遊びにどことなく夢中になっておらず，心ここにあらずという様子が見られるのであれば，その子が興味を引きそうな環境を整えていき，目を輝かせて同じようなことを繰り返しているのであれば，その活動を十分に味わえるだけの時間や空間を保障するといったように，発達プロセスにおいてどのような状態にあるのかをしっかりと把握した上で，保育者としてのかかわり方を考えていくことが重要となる。

3．「いま」を起点とした発達の理解：楽しくて充実した保育へ

これまで述べてきたように，発達とは年齢とともに単にできるようになることが増えるだけではなく，目に見える変化だけでもない。その背景には必ず，子どもの強い願いや憧れがある。本来，子どもとは好奇心が旺盛で，自分の身近な世界を見回しながら「あれは何？」「どうしてこうなったの？」「やってみたいな」といった興味・関心を抱きやすい存在といえる。そこから「知りたい！」「できるようになりたい！」といった願いや憧れが生まれ，それを実現させようと，未熟ながらもそれまで経験してきたことや身につけた力を活用しながら，「いま」を懸命に生きているのである。このようにして一人ひとりが歩んできた道のりが「発達」として現れるのである。

このような発達を「できる／できない」という観点だけでとらえると，それぞれの年齢における特徴が，その年齢で達成しなければならない発達課題になってしまう。次に乗り越えなければならない発達課題を基準に現在の発達をとらえようとすると，ついできないことや遅れが気になってしまう。発達課題という「さき」を起点に子どもの発達を理解しようとすると，「いま」の子どもの姿が「どうしても何かが足りない」，あるいは「何かが欠けている状態」にしか映らなくなってしまう。一方，「いま」の発達を出発点として，子どもが何に興味を持っているのか，どのような願いや憧れを抱いているのか，何に充実感を見出しているのかという観点から子どもの内面をとらえようとすると，どの子どもも持てる力を総動員しながら「いま」を懸命に歩んでいる姿が浮かび上がるであろう。子ども自身，自ら伸びようとする力を備えており，「発達するのは子ども」という当たり前であるが，見落としてしまいがちな事実を再認識させられる。

子どもを未熟で弱い存在と見なし，大切に囲い込んで育てるのではなく，子どもは本当に真剣に生きている人間であり，だからこそ尊敬の念をもって子どもの主張に耳を傾け，その権利を保障することが，これからの保育においては重要であることが指摘されている（子どもと保育総合研究所編 2013)。「いま」の育ちに目を向けることによって，子どもの素晴らしさ，すごさに気づけるのではないだろうか。また赤木（2017）は，子どもの発達にとって「いま」を楽しく充実させる保育が重要であることを強調しているが，そのような保育を展開していくには「発達」をふまえることが大切であるという（p.20-21)。「いま」の経験がどのような発達につながっていくのかを保育者が理解しているからこそ，「いま」を大事にして充実させていくことができるのである。発達を学ぶことで，どのようなことが楽しい時期なのかを考える手がかりが得られるからこそ，楽しく充実した保育実践を組み立てていくことができるのであろう。

第４章

保育に関する法令及び制度

第１節　幼児教育及び子ども家庭福祉の法体系における保育の位置づけ

我が国では第二次世界大戦後，日本国憲法が制定され日本の様々な仕組みが大きく変わっていった。日本国憲法第25条において「生存権」，第26条において「教育を受ける権利」や「義務教育」について述べられており，日本の幼児教育や子ども家庭福祉にかかわる分野も日本国憲法を基礎とし，様々な法律が定められるようになった。

日本国憲法　第３章

> 第３章　国民の権利及び義務
> 第25条　すべて国民は，健康で文化的な最低限度の生活を営む権利を有する。
> ２　国は，すべての生活部面について，社会福祉，社会保障及び公衆衛生の向上及び増進に努めなければならない。
> 第26条　すべて国民は，法律の定めるところにより，その能力に応じて，ひとしく教育を受ける権利を有する。
> ２　すべて国民は，法律の定めるところにより，その保護する子女に普通教育を受けさせる義務を負ふ。義務教育は，これを無償とする。

１．幼児教育にかかわる法

幼児教育にかかわる基礎となる法律には教育基本法があり，幼稚園が「学校」として学校教育法の中で位置付けられている。

教育基本法は1942（昭和22）年に制定され，日本における教育全般の基礎となる法律であるとされている。その後，2006（平成18）年に大きな改定がなされている。第一条の「教育の目的」において日本における教育全般について定義され，また，第十条の「家庭教育」において，家庭教育を全ての教育の出発点であるとし，保護者の責任や地方公共団体の支援などについて記述している。また第十一条「幼児期の教育」において，幼児期の教育の重要性について述べられている。

教育基本法　第１章，第２章

第一章　教育の目的及び理念　（教育の目的）
第一条　教育は，人格の完成を目指し，平和で民主的な国家及び社会の形成者として必要な資質を備えた心身ともに健康な国民の育成を期して行われなければならない。
第二章　教育の実施に関する基本　（家庭教育）
第十条　父母その他の保護者は，子の教育について第一義的責任を有するものであって，生活のために必要な習慣を身に付けさせるとともに，自立心を育成し，心身の調和のとれた発達を図るよう努めるものとする。
２　国及び地方公共団体は，家庭教育の自主性を尊重しつつ，保護者に対する学習の機会及び情報の提供その他の家庭教育を支援するために必要な施策を講ずるよう努めなければならない。
（幼児期の教育）
第十一条　幼児期の教育は，生涯にわたる人格形成の基礎を培う重要なものであることにかんがみ，国及び地方公共団体は，幼児の健やかな成長に資する良好な環境の整備その他適当な方法によって，その振興に努めなければならない。

前述のように学校教育法第一条において幼稚園は「学校」として位置付けられている。また，第二十二条において幼稚園教育の目的について，第二十三条において幼稚園教育の目標について述べられている。

さらに第二十四条においては，家庭及び地域における幼児期の教育の支援についても述べられている。

学校教育法　第１章，第３章

第一章　総則
第一条　この法律で，学校とは，小学校，中学校，高等学校，大学，盲学校，聾学校，養護学校及び幼稚園とする。
第三章　幼稚園
第二十二条　幼稚園は，義務教育及びその後の教育の基礎を培うものとして，幼児を保育し，幼児の健やかな成長のために適当な環境を与えて，その心身の発達を助長することを目的とする。
第二十三条　幼稚園における教育は，前条に規定する目的を実現するため，次に掲げる目標を達成するよう行われるものとする。
一　健康，安全で幸福な生活のために必要な基本的な習慣を養い，身体諸機能の調和的発達を図ること。
二　集団生活を通じて，喜んでこれに参加する態度を養うとともに家族や身近な人への信頼感を深め，自主，自律及び協同の精神並びに規範意識の芽生えを養うこと。

三　身近な社会生活，生命及び自然に対する興味を養い，それらに対する正しい理解と態度及び思考力の芽生えを養うこと。
四　日常の会話や，絵本，童話等に親しむことを通じて，言葉の使い方を正しく導くとともに，相手の話を理解しようとする態度を養うこと。
五　音楽，身体による表現，造形等に親しむことを通じて，豊かな感性と表現力の芽生えを養うこと。
第二十四条　幼稚園においては，第二十二条に規定する目的を実現するための教育を行うほか，幼児期の教育に関する各般の問題につき，保護者及び地域住民その他の関係者からの相談に応じ，必要な情報の提供及び助言を行うなど，家庭及び地域における幼児期の教育の支援に努めるものとする。

一方，保育所保育については児童福祉法がその根拠となっている。児童福祉法も教育基本法とおなじく1947（昭和22）年に制定された。憲法第25条と関連し，児童の健全育成，愛護について記述されている。

児童福祉法第一条と第二条において児童福祉を保証するための原理について記述され，さらにその責任の所在として児童の保護者と国及び地方公共団体の責任について述べられている。また，保育所の児童福祉施設としての位置づけは第七条に，第二十四条に保育を必要とする子どもへの市町村による対応について述べられている。

児童福祉法　第１章

第一章　総則
第一条　全て児童は，児童の権利に関する条約の精神にのつとり，適切に養育されること，その生活を保障されること，愛され，保護されること，その心身の健やかな成長及び発達並びにその自立が図られることその他の福祉を等しく保障される権利を有する。
第二条　全て国民は，児童が良好な環境において生まれ，かつ，社会のあらゆる分野において，児童の年齢及び発達の程度に応じて，その意見が尊重され，その最善の利益が優先して考慮され，心身ともに健やかに育成されるよう努めなければならない。
２　児童の保護者は，児童を心身ともに健やかに育成することについて第一義的責任を負う。
３　国及び地方公共団体は，児童の保護者とともに，児童を心身ともに健やかに育成する責任を負う。
第三条　前二条に規定するところは，児童の福祉を保障するための原理であり，この原理は，すべて児童に関する法令の施行にあたつて，常に尊重されなければならない。
第七条　この法律で，児童福祉施設とは，助産施設，乳児院，母子生活支援施設，保育所，幼保連携型認定こども園，児童厚生施設，児童養護施設，障害児入所施設，児童発達支援センター，児童心理治療施設，児童自立支援施設及び児童家庭支援センターとする。

第二十四条　市町村は，この法律及び子ども・子育て支援法の定めるところにより，保護者の労働又は疾病その他の事由により，その監護すべき乳児，幼児その他の児童について保育を必要とする場合において，次項に定めるところによるほか，当該児童を保育所（認定こども園法第三条第一項の認定を受けたもの及び同条第十一項の規定による公示がされたものを除く。）において保育しなければならない。

第２節　子ども・子育て新制度における保育の位置づけ

１．子ども・子育て支援新制度を巡る歴史

日本における少子化対策は1990年の「1.57ショック」に端を発し，少子化が将来の日本に深刻な影響を与えると考え，本格的に始まることとなった。「1.57ショック」とは合計特殊出生率が「ひのえうま」[1)]とよばれる年（1966年）がそれまで過去最低の合計特殊出生率1.58を下回ったことを指している。

まず1994（平成６）年には「今後の子育て支援のための施策の基本的方向について（文部，厚生，労働，建設の４大臣合意）」いわゆる「エンゼルプラン」が策定された。「エンゼルプラン」は1994年から10年間の取り組むべき少子化対策に関する基本的内容について定められていた。さらに1999（平成11）年には「少子化対策推進基本方針」が閣議決定により定められ，同年にエンゼルプランを見直し，５年計画として「新エンゼルプラン」が策定された。

2003（平成15）年７月には次世代育成支援対策推進法が制定され，地方公共団体や企業における取り組みを促進することとなった。同年９月には少子化社会対策基本法が制定され，国全体として少子化対策を総合的に推進する必要があるとして，内閣府に少子化社会対策会議が設置された。その後，少子化社会他施策基本法に策定を義務づけられていた2004（平成16）年の「少子化社会対策大綱」が策定されることとなった。

その後これらの動きは2010（平成22）年の「子ども・子育てビジョン」へとつながっていく。「子ども・子育てビジョン」によりこれまでに立てられた「少子化社会対策大綱」「子ども・子育てビジョン」の策定に合わせて，「子ども・子育て新システム検討会議」が少子化社会対策会議の下に発足した。

その後，2012（平成24）年に子ども・子育て支援関連３法（子ども・子育て支援法，就学前の子どもに関する教育，保育等の総合的な提供の推進に関する法律の一部を改正する法律，

1）　丙午（ひのえうま）は干支の一つである。この年に生まれた人は気性が荒いなどといった迷信があった。その為、丙午の出生を控える動きがあり出生数が大幅に減少したとされている。

子ども・子育て支援法及び就学前の子どもに関する教育，保育等の総合的な提供の推進に関する法律の一部を改正する法律の施行に伴う関係法律の整備等に関する法律）が成立し，2015（平成27）年４月から本格的に施行されることとなった。

２．子ども・子育て支援新制度の概要

2015（平成27）年４月より本格的に施行された「子ども・子育て支援新制度」は前述のように子ども・子育て支援関連３法の制定によるものである。

子ども・子育て支援新制度はこれまでの幼児教育・保育の現場である幼稚園や保育所や，地域の子育て支援の量の拡充，質の向上を目指してスタートした。

大きく市町村が主体となって行う「施設型給付」及び「地域型保育給付」，地域の子育て支援のための事業である「地域子ども・子育て新事業」，国が主体となるとされている「仕事・子育て両立支援事業」（平成28年度創設）によって構成されている。

主に「幼児期の学校教育・保育・子育て支援について，共通の仕組みの下で財源を確保する」ことや子どもが育つ身近な環境である「市町村が計画的に地域の子育て基盤を

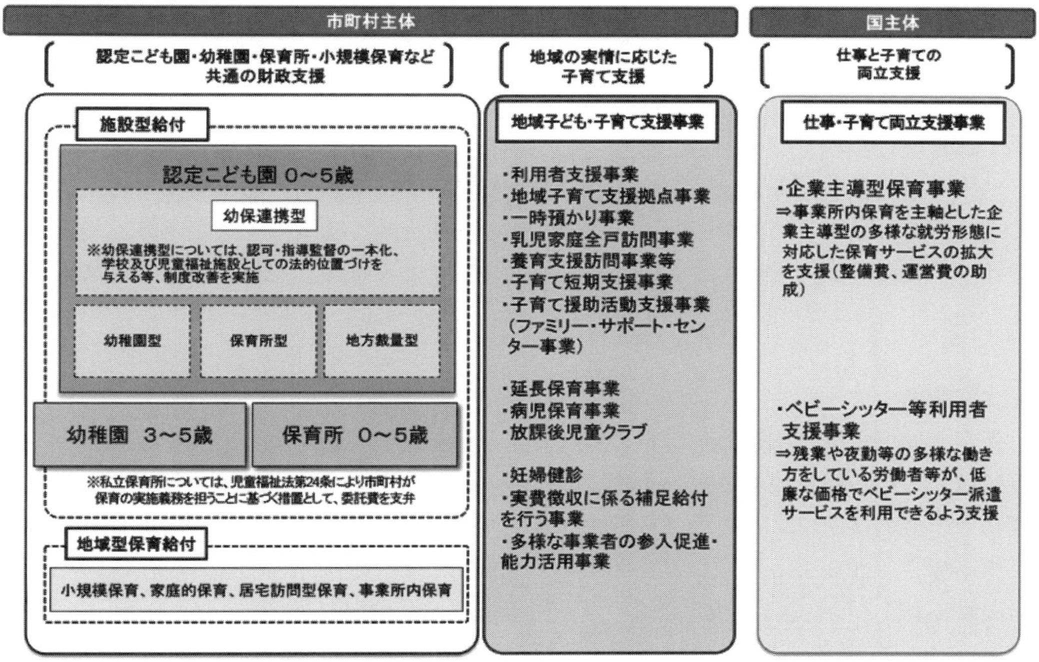

図4-1　子ども・子育て支援新制度の概要
（出典　内閣府　「平成30年度　少子化社会対策白書」，2018）
http://www8.cao.go.jp/shoushi/shoushika/whitepaper/measures/w-2018/30pdfhonpen/30honpen.html

整備する」ことなどが市町村の責務として位置づけられており，消費税率の引き上げによる財源確保や市町村の地域のニーズに応じた計画策定や事業の実施が行えるようになった。

幼保連携型認定こども園は学校及び児童福祉施設としての位置づけが行われ，また小規模保育などにおいて，保育ニーズが高まっている乳児を対象とした定員確保など幼児教育，保育を社会全体で支える仕組みが構築された。

さらに，直接的に子どもにかかわる内容ばかりでなくいわゆる「ライフ・ワーク・バランス」（仕事と生活の調和）や保護者がより積極的に子育てと仕事の両立ができるよう，保護者に対する支援や企業に対する支援も新制度では充実させることとなった。

第３節　保育の実施体系である「幼稚園」「保育所」「認定こども園」

１．幼稚園

幼稚園は学校教育法第一条に定められた学校であり，就学前の教育を担う施設の一つである。幼稚園教育の目的については第二十二条に「幼稚園は，義務教育及びその後の教育の基礎を培うものとして，幼児を保育し，幼児の健やかな成長のために適当な環境を与えて，その心身の発達を助長することを目的とする。」とされている。

幼稚園の運営基準は幼稚園設置基準によって定められており，幼稚園教育要領に基づいて教育が行われている。

幼稚園教育要領は2017（平成29）年に告示・改訂されており，幼稚園教育の基本として「幼児期の教育は，生涯にわたる人格形成の基礎を培う重要なものであり，幼稚園教育は，学校教育法に規定する目的及び目標を達成するため，幼児期の特性を踏まえ，環境を通して行うものであることを基本とする。」と述べられている。

２．保育所

保育所は児童福祉法第七条に定められた児童福祉施設である。第二十四条において「市町村は，この法律及び子ども・子育て支援法の定めるところにより，保護者の労働又は疾病その他の事由により，その監護すべき乳児，幼児その他の児童について保育を必要とする場合において，次項に定めるところによるほか，当該児童を保育所（認定こども園法第三条第一項の認定を受けたもの及び同条第十一項の規定による公示がされたものを除く。）において保育しなければならない。」とされており，保育のニーズのある保護者に対し，各市町村において保育を実施するとされている。

保育所保育指針は2017（平成29）年に幼稚園教育要領と同様に告示・改訂されており，

保育所保育の原則の一つとして「保育を必要とする子どもの保育を行い，その健全な心身の発達を図ることを目的とする児童福祉施設であり，入所する子どもの最善の利益を考慮し，その福祉を積極的に増進することに最もふさわしい生活の場」が保育所であるとしている。

3．認定こども園

認定こども園は2006（平成18）年に制定された就学前の子どもに関する教育，保育等の総合的な提供の推進に関する法律（認定こども園法）に定められた就学前の子どもに対して教育及び保育を提供する施設として位置づけられている。

現在では幼保連携型・幼稚園型・保育所型・地方裁量型の４類型に分類されている。

幼保連携型認定こども園教育・保育要領において「乳幼児期の教育及び保育は，子どもの健全な心身の発達を図りつつ生涯にわたる人格形成の基礎を培う重要なもの」であるとし，幼保連携型認定こども園における教育及び保育は，就学前の子どもに関する教育，保育等の総合的な提供の推進に関する法律に定められた目標達成のため「乳幼児期全体を通して，その特性及び保護者や地域の実態をふまえ，環境を通して行うものであることを基本とし，家庭や地域での生活を含めた園児の生活全体が豊かなものとなるように努めなければならない。」とその基本について述べられている。

4．３施設の概要

幼稚園，保育所，認定こども園はそれぞれ2017（平成29）年に新しい幼稚園教育要領，保育所保育指針，幼保連携型認定こども園教育・保育要領を用いて平成30年度より，新しい幼児教育・保育が実施されている。今回の改定では３施設ともに「幼児教育を行う施設」としての位置づけが明確になり，共有すべき事項について述べられており，また育みたい資質・能力（いわゆる３つの柱）や幼児期の終わりまでに育って欲しい姿（10の姿）が共通して明示されることになった。

表1-1　幼稚園・保育所・幼保連携型認定こども園の概要

	幼稚園	保育所	幼保連携型認定こども園
根拠法	教育基本法・学校教育法	児童福祉法	教育基本法・学校教育法・児童福祉法・認定こども園法
所管	文部科学省	厚生労働省	文部科学省・厚生労働省・内閣府
設置基準	幼稚園設置基準	児童福祉施設の設備及び運営に関する基準	幼保連携型認定こども園の学級の編制，職員，設備及び運営に関する基準
教育・保育内容の基準	幼稚園教育要領	保育所保育指針	幼保連携型認定こども園教育・保育要領
教育・保育時間	4時間	8時間・11時間	4時間・8時間・11時間
保育者の配置基準・職種	【幼稚園教諭・園長・主幹教諭等】 一学級35名以下	【保育士・嘱託医・(調理員)】 ・0歳児 児童3人につき1人 ・1，2歳児 児童6人につき1人 ・3歳児 児童20(15)人につき1人※1 ・4，5歳児 児童30人につき1人	【保育教諭・園長・主幹保育教諭等】 ・満1歳未満の園児 おおむね3人につき1人 ・満1歳以上満3歳未満の園児 おおむね6人につき1人 ・満3歳以上満4歳未満の園児 おおむね20人につき1人 ・満4歳以上の園児 おおむね30人につき1人
施設数（園児数）	10,474園（1,207,886人）	34,763園（2,614,405人）※2	4,409園（597,085人）

幼稚園数等は文部科学省「学校基本調査平成30年度速報値」，保育所数等は厚生労働省「保育所等関連状況取りまとめ（平成30年4月1日）」

幼保連携型認定こども園数等は内閣府「認定こども園に関する状況について（平成30年4月1日現在）」による

※1新制度における「質の改善事項」として，公定価格において職員配置を20:1→15:1とされている。（平成27年度より）

※2幼保連携型認定こども園等の特定教育・保育施設と特定地域型保育事業（うち2号・3号認定）の数値を含む。

第5章

幼稚園教育要領における保育

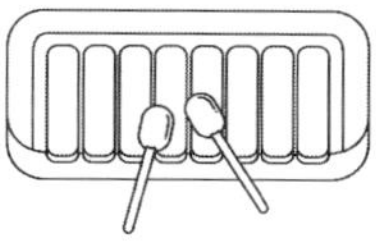

第1節　幼稚園教育の基本

幼稚園における教育の目的及び目標の実現に向けた教育課程や保育内容の基準は，幼稚園教育要領に示されている。この幼稚園教育要領では，幼稚園教育の基本について「幼児期の教育は，生涯にわたる人格形成の基礎を培う重要なものであり，幼稚園教育は，学校教育法に規定する目的及び目標を達成するため，幼児期の特性を踏まえ，環境を通して行うものであることを基本とする」と示されている。端的に言えば，幼稚園教育の基本は「環境を通して行う教育」である。

具体的に「環境を通して行う教育」を解説する前に，まず，幼児期の特性について述べておこう。

幼児期は，自分の生活と離れた知識や技能を一方的に教えられて身に付けていく時期ではなく，自分の生活の中にある興味や関心，欲求に基づいた直接的・間接的な体験を通して満足感や充実感を味わうものである。そして，この満足感や充実感を味わう体験が，次の興味や欲求につながり，さらに試行錯誤したり考えたりすることを繰り返し，体験の深まりが連続的に生じていく。このような特性をふまえると，幼児期の教育では，幼児の主体性が発揮されることが大切である。

次に「環境」について，正しく理解しておく必要がある。ここでいう「環境」は，幼児を取り巻くすべての「もの」と考えるとよい。具体的には，幼稚園の生活環境（物的・空間的）や先生，友達などであり，それらすべてが「環境」である。

それでは，「環境を通して行う教育」とは，どういうことであるのだろうか。それは，教師の教育的な意図のもと構成された物的な環境の下で，幼児の主体性が発揮され，教師の支えや友達とのかかわりなど人的な環境との相互作用を通して，自己を発揮し，発達を促していくことである。ここで注意したいことは，教師が教育的な意図をもって，遊具や素材などの物的環境を整えれば，そこで幼児の主体性が自然と発揮されるのではないという点である。また，教師が教育的価値を見出した環境を整え，そこを幼児の生活環境とするということでもない。先に述べた幼児期の特性である，幼児は自身の生活と離れては十分な主体性が発揮されないことをふまえると，幼児理解をもとにした環境が整えられなければならないのである。

そこで，幼稚園教育の基本の理解を深めるために，「環境」の重要な要素の一つである幼稚園の教師の役割を見ておこう。幼稚園教育要領では，教師は「幼児との信頼関係を十分に築き，幼児が身近な環境に主体的に関わり，環境との関わり方や意味に気付き，これらを取り込もうとして，試行錯誤したり，考えたりするようになる幼児期の教育における見方・考え方を生かし，幼児と共によりよい教育環境を創造するように努めるもの」とされている。これらをふまえ，重視する事項が次のようにまとめられている。

幼稚園教育要領　第１章

第１章　総則　第１　幼稚園教育の基本

1　幼児は安定した情緒の下で自己を十分に発揮することにより発達に必要な体験を得ていくものであることを考慮して，幼児の主体的な活動を促し，幼児期にふさわしい生活が展開されるようにすること。

2　幼児の自発的な活動としての遊びは，心身の調和のとれた発達の基礎を培う重要な学習であることを考慮して，遊びを通しての指導を中心として第２章に示すねらいが総合的に達成されるようにすること。

3　幼児の発達は，心身の諸側面が相互に関連し合い，多様な経過をたどって成し遂げられていくものであること，また，幼児の生活経験がそれぞれ異なることなどを考慮して，幼児一人一人の特性に応じ，発達の課題に即した指導を行うようにすること。

（下線は筆者）

これらからも分かるように，幼稚園教育の基本である「環境を通して行う教育」は，次の３点が重視される教育である。この３つの重視される点は幼稚園教育の特質とも言える。

○幼児期にふさわしい生活が展開されるようにすること

幼児期は，周囲の大人に認められ，守られているという安心感から生じる安定した情緒が支えとなり，次第に自分の世界を広げ，自立へと向かっていく。すなわち，大人を信用するという気持ちが発達を支えるのである。そのため，教師が適切な幼児理解のもと，幼児にふさわしい幼稚園の生活を展開していくことが大切である。言い換えれば，環境を通して行う教育は，幼児理解がなければ成立しえないものなのである。

○遊びを通しての総合的な指導が行われるようにすること

幼児期の生活のほとんどは遊びによって占められている。遊びは遊ぶことそのものが目的であり，何らかの成果を生み出すことを目的とする活動ではない。しかし，幼児にとっては様々な側面の発達が同時に得られる重要な体験であり，遊びにより心身の調和のとれた全体的発達の基礎が築かれる。したがって，遊びを中心として幼児の主体性を大切にする幼稚園教育は，総合的な指導となるのである。

○一人一人の特性に応じた指導が行われるようにすること

幼児の発達の姿は，大筋では共通の過程をたどると考えられてる。しかし，家庭環境や生活経験によって同年齢であっても発達の姿は異なる。上述の幼児理解の観点に立てば，おのずと一人ひとりの特性に応じた指導が行われることが理解できるだろう。ただし，幼稚園は集団の教育力を生かす場でもあるので，一人ひとりの特性を受容しつつも，集団を作り出していく生活となる。幼児を取り巻くすべてのものが環境であるということをふまえれば，幼児を取り巻く集団もまた環境の１つである。

以上のような「環境を通して行う教育」が，幼稚園教育の基本である。

第２節　幼稚園教育において育みたい資質・能力及び幼児期の終わりまでに育ってほしい姿

1．資質・能力の三つの柱

1）文部科学省における学校教育の方向性

2006（平成18）年教育基本法の改正，2007（平成19）年学校教育法の改正，それを受け2008（平成20）年学習指導要領・幼稚園教育要領の改訂が行われ，さらに学力の国際比較・情報機器の発展などの社会の動向や子どもの実態から2017（平成29年）に学習指導要領・幼稚園教育要領は改訂された。この改訂の基本方針は，「教育基本法や学校教育法が目指す普遍的な教育の根幹をふまえ，グローバル化の進展や人工知能（AI）の飛躍的な進化など，社会の加速度的な変化を受け止め，将来の予測が難しい社会の中でも，伝統や文化に立脚した広い視野を持ち，志高く未来を創り出していくために必要な資質・能力を子供たち一人一人に確実に育む学校教育の実現を目指す」ことであり，その「資質・能力」の三つの柱として，「生きて働く知識・技能の習得」，「未知の状況にも対応できる思考力・判断力・表現力等の育成」，「学びを人生や社会に生かそうとする学びに向かう力・人間性の涵養」が示された（文部科学省　2016）。

小学校や中学校等では，国語科や社会科等の各教科と特別活動等の教科以外の活動により教育課程が編成される。各教科等における物事をとらえる視点や考え方を「見方・考え方」として整理し，内容と「見方・考え方」を関係づけて示すとともに，それらを学ぶことで身に付く力，教科の枠を超えて現代的な諸課題に対応できる力を「資質・能力」の三つの柱に沿って明確にした。こうしたことを，幼稚園での教育から高等学校での教育までを見通し，教育目標や教育内容を再整理したのが，今回の幼稚園教育要領・学習指導要領の改訂である（文部科学省　2017）。

2）幼児教育における「見方・考え方」

幼児期は，「幼児一人一人が異なる家庭環境や生活経験の中で，自分が親しんだ具体的なものを手掛かりにして自分自身のイメージを形成し，それに基づいて物事を感じ取ったり気付いたりする時期」（文部科学省　2016）である。幼児が幼児教育を受けることで育てられる「見方・考え方」は，「幼児が身近な環境に主体的に関わり，環境との関わり方や意味に気付き，これらを取り込もうとして，試行錯誤したり，考えたりするようになる」（文部科学省　2017）ことで身に付いていく。幼稚園での生活全体を通して，発達に応じて幼児一人ひとりが身近な環境に主体的にかかわり，心動かされる体験を重ね，遊びを発展させたり生活を広げたりする中で，環境とのかかわり方や意味に気付き，これらを取り込もうとして諸感覚を働かせながら，試行錯誤したり，思いを巡らせたりするなかで培われていくのである。このような幼児教育の「見方・考え方」は，小学校以降の各教科等の「見方・考え方」の基礎となっていくものである。

3）幼稚園で育む資質・能力

教育基本法第11条に示されているように「幼児期の教育は，生涯にわたる人格形成の基礎を培う重要なもの」である。教育改革で示された「知識・技能の習得」，「思考力・判断力・表現力等の育成」，「学びに向かう力・人間性の涵養」は，学校教育の始まりである幼稚園における幼児教育において，それらの基礎としてとらえることが重要である。そのためにも，幼稚園で行われる幼児教育，すなわち幼稚園教育は学校教育法に規定する目的・目標を達成するために，①幼児の発達の特徴をふまえて行うこと，②環境を通して行うこと，③幼児の自発的な活動としての遊びを通して行うこと，といった幼児教育の独自性を忘れてはならない。

幼稚園教育要領に記載されている幼稚園で育む資質・能力は以下の３つの柱がある。

幼稚園教育要領　第１章

> 第１章　総則　第２　幼稚園教育において育みたい資質・能力及び「幼児期の終わりまでに育ってほしい姿」
> １　幼稚園においては，生きる力の基礎を育むため，この章の第１に示す幼稚園教育の基本を踏まえ，次に掲げる資質・能力を一体的に育むよう努めるものとする。
> （１）豊かな体験を通じて，感じたり，気付いたり，分かったり，できるようになったりする「知識及び技能の基礎」
> （２）気付いたことや，できるようになったことなどを使い，考えたり，試したり，工夫したり，表現したりする「思考力，判断力，表現力等の基礎」
> （３）心情・意欲・態度が育つ中で，よりよい生活を営もうとする「学びに向かう力，人間性等」

これらの「資質・能力」は，「第２章に示すねらい及び内容に基づく活動全体」すなわち「健康」，「人間関係」，「環境」，「言葉」，「表現」の５つの領域におけるねらい及び内容に基づく活動全体によって育むものである。

２．幼児期の終わりまでに育ってほしい姿

幼稚園教育で育む「資質・能力」が，幼稚園終了時にはどのような姿になっているのかを具体的に示したのが「幼児期の終わりまでに育ってほしい姿」である。５領域全体の活動を通して３～５歳児への総合的な指導を教師が行う際に，幼児期の終わりの時期である５歳児後半の姿のイメージし考慮するものとして示されている。それでは，幼稚園教育要領に示されている10の姿を以下に記載する。

幼稚園教育要領　第１章

第１章　総則　第２　幼稚園教育において育みたい資質・能力及び「幼児期の終わりまでに育ってほしい姿」３

（１）健康な心と体

幼稚園生活の中で，充実感をもって自分のやりたいことに向かって心と体を十分に働かせ，見通しを持って行動し，自ら健康で安全な生活をつくり出すようになる。

（２）自立心

身近な環境に主体的に関わり様々な活動を楽しむ中で，しなければならないことを自覚し，自分の力で行うために考えたり，工夫したりしながら，諦めずにやり遂げることで達成感を味わい，自信を持って行動するようになる。

（３）協同性

友達と関わる中で，互いの思いや考えなどを共有し，共通の目的の実現に向けて，考えたり，工夫したり，協力したりし，充実感をもってやり遂げるようになる。

（４）道徳性・規範意識の芽生え

友達と様々な体験を重ねる中で，してよいことや悪いことが分かり，自分の行動を振り返ったり，友達の気持ちに共感したりし，相手の立場に立って行動するようになる。また，きまりを守る必要性が分かり，自分の気持ちを調整し，友達と折り合いを付けながら，きまりをつくったり，守ったりするようになる。

（５）社会生活との関わり

家族を大切にしようとする気持ちをもつとともに，地域の身近な人と触れ合う中で，人との様々な関わり方に気付き，相手の気持ちを考えて関わり，自分が役に立つ喜びを感じ，地域に親しみを持つようになる。また，幼稚園内外の様々な環境に関わる中で，遊びや生活に必要な情報を取り入れ，情報に基づき判断したり，情報を伝え合ったり，活用したりするなど，情報を役立てながら活動するようになるとともに，公共の施設を大切に利用するなどして，社会とのつながりなどを意識するようになる。

（6）思考力の芽生え
　身近な事象に積極的に関わる中で，物の性質や仕組みなどを感じ取ったり，気付いたりし，考えたり，予想したり，工夫したりするなど，多様な関わりを楽しむようになる。また，友達の様々な考えに触れる中で，自分と異なる考えがあることに気付き，自ら判断したり，考え直したりするなど，新しい考えを生み出す喜びを味わいながら，自分の考えをよりよいものにするようになる。
（7）自然との関わり・生命尊重
　自然に触れて感動する体験を通して，自然の変化などを感じ取り，好奇心や探究心をもって考え言葉などで表現しながら，身近な事象への関心が高まるとともに，自然への愛情や畏敬の念をもつようになる。また，身近な動植物に心を動かされる中で，生命の不思議さや尊さに気付き，身近な動植物への接し方を考え，命あるものとしていたわり，大切にする気持ちをもって関わるようになる。
（8）数量や図形，標識や文字などへの関心・感覚
　遊びや生活の中で，数量や図形，標識や文字などに親しむ体験を重ねたり，標識や文字の役割に気付いたりし，自らの必要感に基づきこれらを活用し，興味や関心，感覚を持つようになる。
（9）言葉による伝え合い
　先生や友達と心を通わせる中で，絵本や物語などに親しみながら，豊かな言葉や表現を身に付け，経験したことや考えたことなどを言葉で伝えたり，相手の話を注意して聞いたりし，言葉による伝え合いを楽しむようになる。
（10）豊かな感性と表現
　心を動かす出来事などに触れ感性を働かせる中で，様々な素材の特徴や表現の仕方などに気付き，感じたことや考えたことを自分で表現したり，友達同士で表現する過程を楽しんだりし，表現する喜びを味わい，意欲がもつようになる。

　これらは，幼児教育の基本をもとに，遊びや生活そして環境を通して，幼児が自ら興味・関心をもったことを，教師が育んでいくなかで見えてくる姿である。決して，小学校教育等と同じことをしようとしたり，教え込んだり，学習が中心となる活動を幼児に課す特別な教育を行ったりすることではない。

　これらの姿を意識して，幼児の主体的な活動である「遊び」を深めたり広げたりし，「環境」を通した，幼稚園教育を幼児教育としてやりきることこそが重要なのである。

第3節　幼稚園教育のねらいと内容

1．幼稚園教育と「領域」

　学校教育法第23条には，幼稚園における教育は，幼稚園教育の目的を実現するために

５つの目標を達成するように行われるものとされ，その５つとは以下の内容である。

学校教育法　第３章

> 第二十三条　幼稚園における教育は，前条に規定する目的を実現するため，次に掲げる目標を達成するよう行われるものである。
> 1　健康，安全で幸福な生活のために必要な基本的な習慣を養い，身体的諸機能の調和的発達を図ること。
> 2　集団生活を通じて，喜んでこれに参加する態度を養うとともに家族や身近な人への信頼感を深め，自主，自律及び協同の精神並びに規範意識の芽生えを養うこと。
> 3　身近な社会生活，生命及び自然に対する興味を養い，それらに対する正しい理解と態度及び思考力の芽生えを養うこと。
> 4　日常の会話や，絵本，童話等に親しむことを通じて，言葉の使い方を正しく導くとともに，相手の話を理解しようとする態度を養うこと。
> 5　音楽，身体による表現，造形等に親しむことを通じて，豊かな感性と表現力の芽生えを養うこと。

幼稚園教育要領には５つの「領域」ごとに，教育の「ねらい」と「内容」が示されているが，この「領域」とは学校教育法第23条に示された５つの目標を達成するために，幼児が主体的な生活の中でどのようなことを経験して何が育とうとしているかをとらえるための窓口のような役割といえよう。更に「領域」には５つの名前がつけられており，その概要は表5-1の通りである。

表5-1　幼稚園教育要領に示された５領域

健　康	健康な心と体を育て，自ら健康で安全な生活をつくり出す力を養うことに関する領域
人間関係	他の人々と親しみ，支え合って生活するために，自立心を育て，人とかかわる力を養うことに関する領域
環　境	周囲のさまざまな環境に好奇心や探求心をもってかかわり，それらを生活の中に取り込んでいこうとする力を養うことに関する領域
言　葉	経験したことや考えたことなどを自分なりの言葉で表現し，相手の話を聞こうとする意欲や態度を育て，言葉に対する感覚や言葉で表現する力を養うことに関する領域
表　現	感じたことや考えたことを自分なりに表現することを通して，豊かな感性や表現する力を養い，創造性を豊かにすることに関する領域

２．５つの領域における「ねらい」「内容」「内容の取扱い」

幼稚園教育要領第２章ねらい及び内容には，領域ごとに「ねらい」「内容」「内容の取扱い」が示されている。

「ねらい」とは幼稚園教育の中で幼児に育みたい資質・能力を幼児の生活する姿から具体的にとらえたものであり，生きる力の基礎とされている「心情」「意欲」「態度」と関連している。ここで大切なことは，各領域に示された「ねらい」は幼稚園教育の到達点ではなく，幼稚園生活の中で様々な体験を重ねながら身につけてほしい指標と考えることである。また，「ねらい」を達成するために教師が幼児の発達に応じた指導を行う中で幼児が身に付けていくことが望ましいとされるのが「内容」である。「内容」は小学校の教科とは異なり５つの領域ごとに独立して経験させていくというのではなく，幼児の生活や遊びの中で相互に絡み合い関連をもちながら身につけていくことができるように，環境や援助の方法を工夫し展開させていくことが必要である。更に「内容の取扱い」には，教師が「ねらい」や「内容」をどのように理解するのか，適切な援助の在り方を各園の教育課程や指導計画にどのように取り入れていけば良いのか等について示されている。

表5-2　５領域のねらい

健　康	・明るく伸び伸びと行動し，充実感を味わう。 ・自分の体を十分に動かし，進んで運動しようとする。 ・健康，安全な生活に必要な習慣や態度を身に付け，見通しをもって行動する。
人間関係	・幼稚園生活を楽しみ，自分の力で行動することの充実感を味わう。 ・身近な人と親しみ，関わりを深め，工夫したり，協力したりして一緒に活動する楽しさを味わい，愛情や信頼感をもつ。 ・社会生活における望ましい習慣や態度を身に付ける。
環　境	・身近な環境に親しみ，自然と触れ合う中で様々な事象に興味や関心をもつ。 ・身近な環境に自分から関わり，発見を楽しんだり，考えたりし，それを生活に取り入れようとする。 ・身近な事象を見たり，考えたり，扱ったりする中で，物の性質や数量，文字などに対する感覚を豊かにする。
言　葉	・自分の気持ちを言葉で表現する楽しさを味わう。 ・人の言葉や話などをよく聞き，自分の経験したことや考えたことを話し，伝え合う喜びを味わう。 ・日常生活に必要な言葉が分かるようになるとともに，絵本や物語などに親しみ，言葉に対する感覚を豊かにし，先生や友達と心を通わせる。
表　現	・いろいろなものの美しさなどに対する豊かな感性をもつ。 ・感じたことや考えたことを自分なりに表現して楽しむ。 ・生活の中でイメージを豊かにし，様々な表現を楽しむ。

３．相互に関連する各領域

日々の幼児の活動の中で各領域のねらいと内容がどのように関連しながら展開されているのかを事例をもとに考えてみよう。

「ちょうちょさん　さようなら～」（２年保育４歳児　６月）

A児が登園途中に青虫を見つけたと，大切そうに手のひらにのせて持って来た（環境・言葉）。早速覗き込む子どもたち（環境・人間関係）。「飼育ケースに入れよう。」「餌を入れてあげないとね。」「何の青虫かね？」と思ったことを口々に言いながら，みんな青虫に夢中になっている（健康・人間関係・環境・言葉・表現）。それから暫くは青虫の飼育が続いたが，ある日飼育ケースの中でう化しているのを発見（環境）。「このままだとかわいそう，逃がしてあげよう。」（環境・言葉・表現）ということになりベランダで飼育ケースの蓋をあけると，風にのってヒラヒラと飛んでいった。子どもたちは，「ちょうちょさん　さようなら～」「お母さんに会えるかね」と言いながら暫く飛んでいく蝶を見ていた（人間関係・環境・言葉・表現）。

このように幼児の活動の中には，様々な領域の「ねらい」や「内容」が含まれることから，教師は幼児の思いをしっかりと受けとめながら，「ねらい」を達成するための支援に努めることが大切である。

第４節　幼稚園教育時間終了後等に行う教育活動

１．幼稚園教育時間終了後等に行う教育活動

（１）幼稚園教育要領に示す「教育活動」

幼児教育・保育をめぐり2000年代から幼稚園と保育所の一元化に関する議論が進められ，2012（平成24）年８月には「子ども・子育て支援新制度」がスタートし，更に保育を必要とする子どもへの支援が多種多様化してきた。そのような中で，幼稚園に通わせる保護者のニーズも変容し,「保護者が仕事をしているが幼稚園教育を受けさせたい」「家庭の事情で保育時間開始前や終了後も子どもを預かって欲しい」という要望が多くみられるようになった。

そうした社会情勢から幼稚園教育要領第３章には,「教育課程に係る教育時間終了後に行う教育活動などの留意事項」があげられている。ここでいう「教育活動」とは，いわゆる「預かり保育」といわれるものであり，地域の実態や保護者の要請などにより，教育課程に係る教育時間外に希望する者を対象とする保育を意味している。その時間帯については各園によって様々であるが，次頁の図5-1にその一例を示した。

7：30	9：00	14：00	18：00
預かり保育 （通常保育外）	幼稚園の教育時間 （幼稚園で行われる通常保育）	預かり保育 （通常保育外）	

図5-1　預かり保育の時間例（平日）

2．預かり保育の現状

近年における「預かり保育」の実施状況と行う条件は図5-2の通りである。この図に示されるように，「預かり保育」は全幼稚園の82.5％で実施されており，公立幼稚園に比べて私立幼稚園の実施率が高い。特に私立幼稚園のほとんどの園が実施しており,「預かり保育」が定着していることが伺える。しかしながら「預かり保育」の実施の為には担当職員の雇用や利用料金等の課題があるため，公立幼稚園ではなかなか実施をすることが困難な状況もある。

次に「預かり保育」を保護者が利用する理由については，保護者の就労が92.8％と最も多いが，保護者の学校行事参加や近親者の介護，ボランティア活動への参加やリフレッシュの為等様々な理由でも利用されている。このように利用の理由が就労だけではないことが，幼稚園の「預かり保育」の特徴といえよう。またこのことは，保護者の子育ての負担軽減や保護者支援にもつながり「子育て支援」の一端も担っているといえよう。

（平成２６年６月１日現在）

● 預かり保育を実施している幼稚園は全体の82.5%であった。
（公立：60.9%、私立：95.0%）

（1）預かり保育の実施率

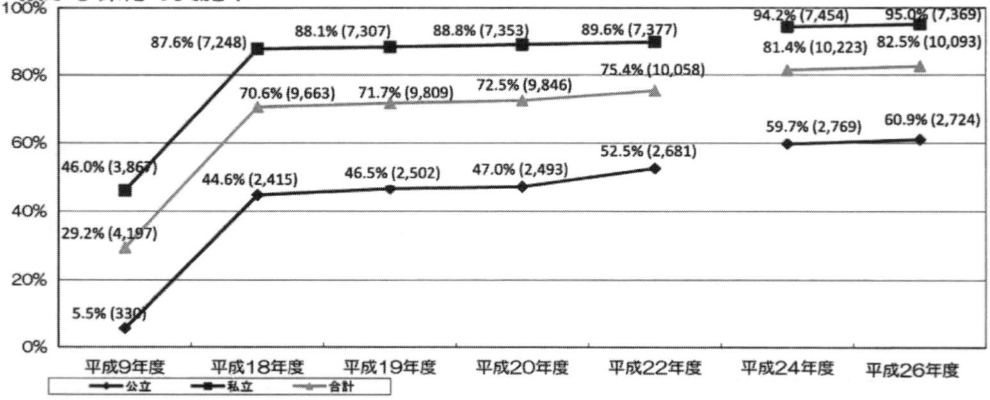

② 預かり保育を行う条件（複数回答）

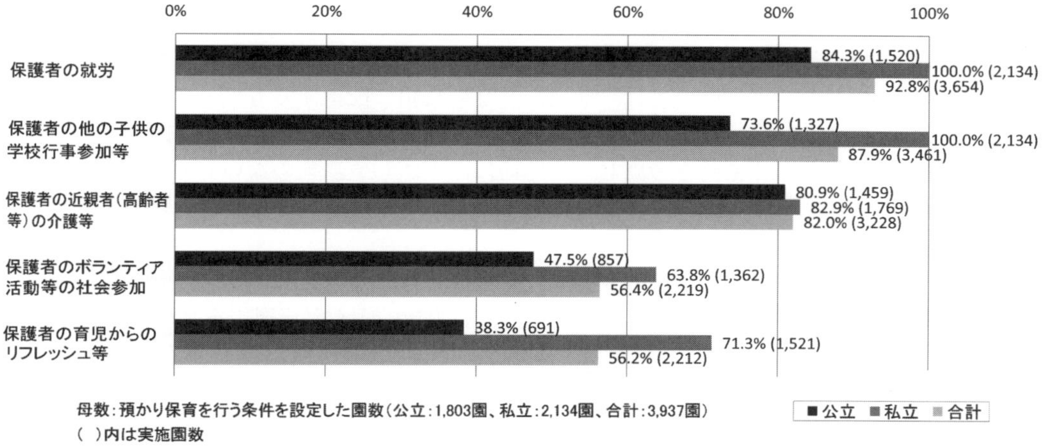

図5-2 「預かり保育」の実施状況と行う条件
（出典　文部科学省「平成26年度幼児教育実態調査」2015）

3．「預かり保育」の具体的な実施内容

降園後・・・保育室の移動　おやつ　休息等　お迎えが来るまでの間　好きな遊びをする
室内・・・ままごと　ブロック　絵描き　塗り絵　パズル　折り紙　本読み　等
戸外又はホール等・・・固定遊具　ボール遊び　鬼ごっこ　乗り物遊び　等

図5-3 「預かり保育」の内容（例）

「預かり保育」の実施に当たっては各園の実情に応じて様々な内容が行われている。通常保育の日だけでなく，保護者のニーズに応じて土曜日や長期休業日等に実施している園もある。図5-3は，平日の「預かり保育」の内容の一例である。

4．「預かり保育」の配慮すべき事項

「預かり保育」で配慮すべき事項は『幼稚園教育要領解説』第３章１（１)～(５）に記載されているように，幼児の心身の負担を配慮しながら家庭的な雰囲気の中でゆったりと過ごせるようにすることが大切である。また，家庭との連携を密にして保護者が子育てを全て園に委ねるのではなく，共に育てるという意識が高まるように配慮していきたい。

幼稚園教育要領　第３章

第３章　教育課程に係る教育時間の終了後等に行う教育活動などの留意事項

1　地域の実態や保護者の要請により，教育課程に係る教育時間の終了後等に希望する者を対象に行う教育活動については，幼児の心身の負担に配慮するものとする。また，次の点にも留意するものとする。

（1）教育課程に基づく活動を考慮し，幼児期にふさわしい無理のないものとなるようにすること。その際，教育課程に基づく活動を担当する教師と緊密な連携を図るようにすること。

（2）家庭や地域での幼児の生活も考慮し，教育課程に係る教育時間の終了後等に行う教育活動の計画を作成するようにすること。その際，地域の人々と連携するなど，地域の様々な資源を活用しつつ，多様な体験ができるようにすること。

（3）家庭との緊密な連携を図るようにすること。その際，情報交換の機会を設けたりするなど，保護者が，幼稚園と共に幼児を育てるという意識が高まるようにすること。

（4）地域の実態や保護者の事情とともに幼児の生活のリズムを踏まえつつ，例えば実施日数や時間などについて，弾力的な運用に配慮すること。

（5）適切な責任体制と指導体制を整備した上で行うようにすること。

2　幼稚園の運営に当たっては，子育ての支援のために保護者や地域の人々に機能や施設を開放して，園内体制の整備や関係機関との連携及び協力に配慮しつつ，幼児期の教育に関する相談に応じたり，情報を提供したり，幼児と保護者との登園を受け入れたり，保護者　同士の交流の機会を提供したりするなど，幼稚園と家庭が一体となって幼児と関わる取組を進め，地域における幼児期の教育のセンターとしての役割を果たすよう努めるものとする。その際，心理や保健の専門家，地域の子育て経験者等と連携・協働しながら取り組むよう配慮するものとする。

第6章

保育所保育指針における保育

第1節　保育所保育指針の概要

1．保育所保育指針とは何か

「保育所保育指針は，保育所保育の基本となる考え方や保育のねらい及び内容など保育の実地に関わる事項と，これに関する運営に関する事項について定めたもの」(厚生労働省編　2018, p.2）であり，厚生労働省の告示である。保育所保育指針は，全国の認可保育所が遵守しなければならないもので，その法的根拠は，児童福祉施設の設備及び運営に関わる基準第35条「保育所保育における保育は，養護及び教育を一体的に行うことをその特性とし，その内容については，厚生労働大臣が定める指針に従う」である。

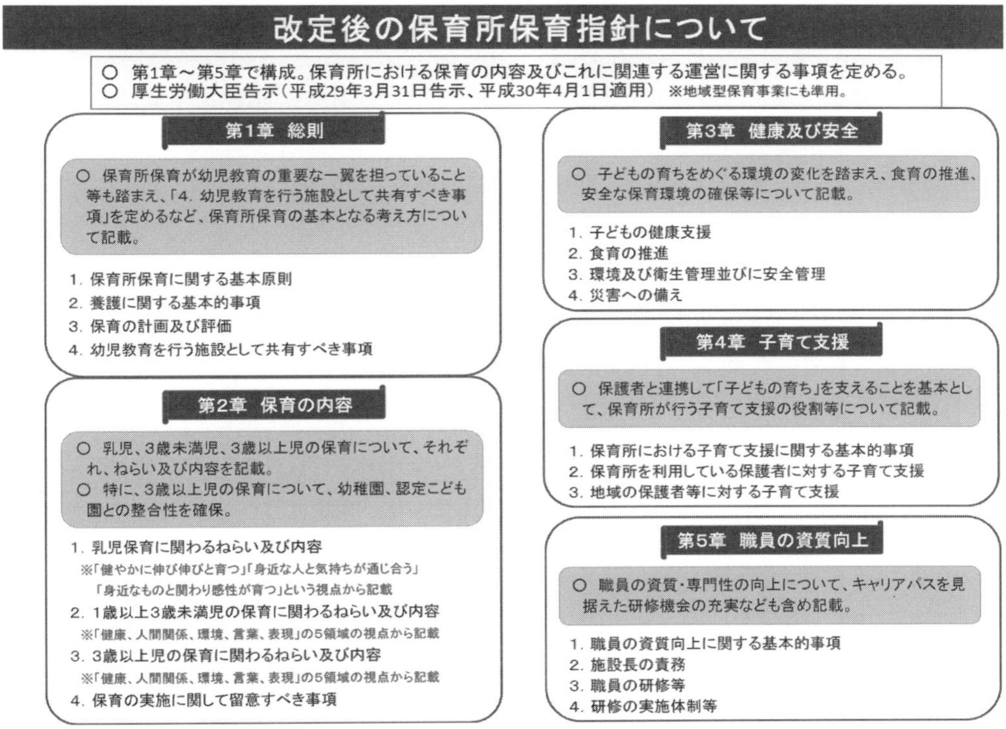

改定後の保育所保育指針について
○ 第1章～第5章で構成。保育所における保育の内容及びこれに関連する運営に関する事項を定める。
○ 厚生労働大臣告示（平成29年3月31日告示、平成30年4月1日適用） ※地域型保育事業にも準用。
第1章 総則
○ 保育所保育が幼児教育の重要な一翼を担っていること等も踏まえ、「4. 幼児教育を行う施設として共有すべき事項」を定めるなど、保育所保育の基本となる考え方について記載。
1. 保育所保育に関する基本原則
2. 養護に関する基本的事項
3. 保育の計画及び評価
4. 幼児教育を行う施設として共有すべき事項
第2章 保育の内容
○ 乳児、3歳未満児、3歳以上児の保育について、それぞれ、ねらい及び内容を記載。
○ 特に、3歳以上児の保育について、幼稚園、認定こども園との整合性を確保。
1. 乳児保育に関わるねらい及び内容
※「健やかに伸び伸びと育つ」「身近な人と気持ちが通じ合う」「身近なものと関わり感性が育つ」という視点から記載
2. 1歳以上3歳未満児の保育に関わるねらい及び内容
※「健康、人間関係、環境、言葉、表現」の5領域の視点から記載
3. 3歳以上児の保育に関わるねらい及び内容
※「健康、人間関係、環境、言葉、表現」の5領域の視点から記載
4. 保育の実施に関して留意すべき事項
第3章 健康及び安全
○ 子どもの育ちをめぐる環境の変化を踏まえ、食育の推進、安全な保育環境の確保等について記載。
1. 子どもの健康支援
2. 食育の推進
3. 環境及び衛生管理並びに安全管理
4. 災害への備え
第4章 子育て支援
○ 保護者と連携して「子どもの育ち」を支えることを基本として、保育所が行う子育て支援の役割等について記載。
1. 保育所における子育て支援に関する基本的事項
2. 保育所を利用している保護者に対する子育て支援
3. 地域の保護者等に対する子育て支援
第5章 職員の資質向上
○ 職員の資質・専門性の向上について、キャリアパスを見据えた研修機会の充実なども含め記載。
1. 職員の資質向上に関する基本的事項
2. 施設長の責務
3. 職員の研修等
4. 研修の実施体制等

図6-1　保育所保育指針の構造

(厚生労働省子ども家庭局保育課「平成30年度全国保育士養成セミナー　行政説明資料」, 2018, 13頁)

では，保育所保育の基本となる考え方と何であろうか。保育のねらいと内容とは何であろうか。保育所保育指針は５つの章で構成されており，図6-1に示した。

保育の基本となる考え方は，「第１章　総則」にまとめられている。また，保育のねらい及び内容は，「第２章　保育の内容」に記載されている。「第３章　健康及び安全」と「第４章　子育て支援」と「第５章　職員の資質向上」は保育所の運営上の内容にかかわるものである。このことからも推測されるように保育所は子どものためだけではなく，保護者の為にその役割を果たさなければならない。各保育所は，保育所保育指針で規定される保育の内容に関する基本原則等をふまえ，各保育所の実情に応じて創意工夫を図り，保育所の機能及び保育の質の向上に努めなければならない。

２．保育所保育指針の改定の背景と方向性

保育所保育指針は，1965（昭和40）年に策定され，以後２回の改定の後，2008（平成20）年より告示化され，今回の改定となった。その背景には，2015（平成27）年に施行された「子ども・子育て支援新制度」の影響，著しく増加した３歳未満児の保育所利用児童数の増加，児童虐待相談件数の増加などがある。具体的には，１・２歳児保育所等の利用率は，10年前は27.6%だったのが，2015（平成27）年は，38.1%に急増している。児童虐待相談件数は，2008（平成20）年が42,664件であり，2015（平成27）年では，103,260件と約2.4倍となっている。

この状況をふまえ，2017（平成29）年の改定の方向性は，表6-1に示した５点となった。

表6-1　保育所保育指針の改定の方向性

（1）乳児・３歳未満児保育の記載の充実

この時期の保育の重要性，０～２歳児の利用率の上昇等を踏まえ，３歳以上児とは別に項目を設けるなど記載内容を充実

（2）幼児教育の積極的な位置づけ

保育所保育も幼児教育の重要な一翼を担っていることなどを踏まえ，卒園児までに育ってほしい姿を意識した保育内容や保育の計画・評価の在り方等についても記載内容を充実

（3）健康及び安全の記載見直し

子どもの育ちをめぐる環境の変化を踏まえ，食育の推進，安全は保育環境の確保などに関して記載内容を見直し

（4）「子育て支援」の章を新設

保護者と連携して「子どもの育ち」を支えるという視点を持って，子どもの育ちを保護者とともに喜び合うことを重視するとともに，保育所が行う地域における子育て支援の役割が重要になっていることから記載内容を充実

（5）職員の資質・専門性の向上

職員の資質・専門性の向上について，キャリアパスの明確化を見据えた研修機会の充実なども含め，記載内容を充実

第2節　保育所保育に関する基本原則

1．保育所保育に関する基本原則

保育所保育指針では，保育所保育は，５つの基本原則の下，それぞれの実情に応じて創意工夫を図り，子どもの保育及び保護者や地域の子育て家庭への支援等の機能，また保育所の質を向上させていくように努めることがうたわれている。

（1）保育所の役割

保育所は児童福祉法に基づき，保育を必要とする子どもの保育を行い，その健全な心身の発達を図ることを目的とする児童福祉施設であり，入所する子どもの最善の利益を考慮し，その福祉を積極的に増進することに最もふさわしい生活の場でなければならないと述べている。つまり，子ども一人ひとりが心身ともに健やかな成長と発達を保障できるように生活の場を提供しなければならない。

子どもの健全な心身の発達を図るためには，専門性を発揮して保護者に寄り添い，家庭との連携を密にして養護と教育を行わなければならない。

また，家庭や地域の様々な関係機関と連携を図りながら，保護者や地域の子育て家庭への支援を行う。その際，保育士は子どもへの養護及び教育，保護者に対する支援を行うにあたっては，専門性の向上に努めなければならない。

（2）保育の目標

乳幼児期は，子どもにとって生涯にわたる人間形成を図るうえで極めて重要な時期であり，その生活時間の大半を保育所で過ごす。つまり，保育所は子どもたちの「現在」が，心地よく生き生きと幸せなものとなるとともに，子どもが「未来」を切り開いていけるようにその礎を育てることを目標に保育を行う。

そのためには，子どもの「現在」のありのままを受け止め，心の安定を図りながら，きめ細かく対応していくとともに，一人ひとりの子どもの可能性や育つ力を認め尊重することが重要である。何よりも養護面では，子どもが保育所で情緒的に安定し，くつろいで過ごせるようにすることである。また教育面では，子どもの発達・成長を促すよう

に支援していく必要がある。

(3) 保育の方法

保育士は，子どもが安心感と信頼感をもって活動できるように，子どもの生活全体の実態を把握するとともに，一人ひとりの子どもの主体性を尊重し，子どもの自己肯定感が育まれるように対応していくことが重要である。

また，生活のリズムを大切にして，他の子どもたちと共に過ごすことで活動が豊かになるとともに，健康や安全が護られて情緒的に安定した生活ができるよう，配慮の行き届いた環境や自己を十分に発揮できる環境を構成することが重要である。

さらには，子どもの発達過程や個人差に配慮するとともに，育ちについての見通しを持ちながら，実態に即した保育を行うことが求められる。

保護者への子育て支援については，一人ひとりの保護者の状況やその意向を理解して受容的に接するとともに，それぞれの親子関係や家庭生活に配慮しながら，保護者の頑張りを讃えたり，子どもの成長を共有したりして，継続的に対話を重ねて支援をしていくことが重要である。

(4) 保育の環境

子どもは人，物，場などの環境との相互作用によって成長・発達していくのである。そのため，子どもの興味や関心が触発されるよう環境を工夫して構成することが重要であり，子どもの活動が豊かに展開されるよう，子どもが安心して過ごせる保育の環境の確保に取り組んでいく必要がある。

子どもが遊びを展開する中では，子どもが自ら環境を作り替えていくことや，環境の変化を保育士も子どもたちと共に楽しみ，思い出を共有することも重要である。そうした環境を整備することで，子どもたちは大人が思いもつかないような遊びを工夫したり，仲間と助け合ったりして遊ぶ。こうした遊びが展開されるためには，子どもたちが安心して遊べる環境の整備が必要である。

(5) 保育所の社会的責任

保育所はこれまで蓄積してきた保育の知識，経験，技術を生かしながら，保育を必要とする乳児・幼児を日々保護者の下から通わせて保育を行う。また子育て家庭や地域社会に対してその役割を果たしていくことである。

そのためには，保育所は憲法や児童福祉法などに基づき，子ども一人ひとりの人権を尊重するとともに，子どもが権利の主体であることを認識して保育を行わなければならない。また，保育所は地域社会にあって情報を開示し，地域社会との連携や交流を図り，開かれた児童福祉施設として運営することが求められる。

保育をするにあたっては，知り得た子どもや保護者の個人情報の保護には十分留意しなければならないが，児童虐待の防止に関する法律では，通告義務は守秘義務よりも優先される。また，保育所は保護者から子どもの保育に関して苦情が出た場合，それを受け止め，苦情を解決するように努めなければならない。

第3節　保育における養護と教育

1．保育所の保育

保育所保育指針では「保育を必要とする子どもの保育を行い，その健全な心身の発達を図ることを目的とする児童福祉施設であり，入所する子どもの最善の利益を考慮し，その福祉を積極的に増進することに最もふさわしい生活の場でなければならない。」(p.13) とある。そしてその目的を達成するにあたって保育者は「保育所における環境を通して，養護及び教育を一体的に行う」(p.14) のである。「養護」とは「子どもの生命の保持及び情緒の安定を図るために保育士等が行う援助や関わり」(p.30) であり，「教育」とは，「乳幼児期にふさわしい経験が積み重ねられていくよう丁寧に援助すること」(p.15) である。

2．生命の保持と情緒の安定

「養護」とは，先述したように「生命の保持」と「情緒の安定」である。これにはそれぞれ4つずつねらいが設けられている。

保育所保育指針　第1章

第1章　総則　2　養護に関する基本的事項　(2) 養護に関わるねらい及び目標
ア　生命の保持
(ア) ねらい
① 一人一人の子どもが，快適に生活できるようにする。
② 一人一人の子どもが，健康で安全に過ごせるようにする。
③ 一人一人の子どもの生理的欲求が，十分に満たされるようにする
④ 一人一人の子どもの健康増進が，積極的に図られるようにする。

保育所は，「生涯にわたる人間形成にとって極めて重要な時期に，その生活時間の大半を過ごす場所」(p.19) である。「生命の保持」のねらいにあるように，保育者は一人

ひとりの日々の成長・発達や生活状況に即した環境を構成していく必要がある。例えば，その日の天候や，健康状態によって室内の温度調整や服装への配慮を行うことや飲み物の量や休息の時間を子どもの活動量や内容によって変えていくことがそれにあたる。乳児であれば横抱きで保育者と目を合わせる回数を増やしたり，縦抱きで周りの様子を取り入れるように配慮したり等が考えられる。

次に「情緒の安定」の４つのねらいを示した。

保育所保育指針　第１章

第１章　総則　２　養護に関する基本事項　（２）養護に関わるねらい及び内容 イ　情緒の安定 （ア）ねらい ①　一人一人の子どもが，安定感をもって過ごせるようにする。 ②　一人一人の子どもが，自分の気持ちを安心して表すことができるようにする。 ③　一人一人の子どもが，周囲から主体として受け止められ，主体として育ち，自分を肯定する気持ちが育まれていくようにする。 ④　一人一人の子どもがくつろいでともに過ごし，心身の疲れが癒されるようにする。

大嶋ら（2016）によると，子ども理解は保育の基本であり，その中でも「共感的理解」（p.85）が子どもの自発性を促す。「子どもの感情に歩み寄り，負の感情をも含めて共有」し応答する保育があってこそ，子どもは自己を発揮し，「周囲の人への信頼感とともに，自己を肯定する気持ちが育まれる」（p.34）のである。また子どもが安心感を持てるには，「自分がしてほしいことを心地よくかなえられる」（p.35）ことが必要である。例えば生理的欲求に対して保育者が応える時，生命の保持としてだけではなく，「安心してね，大丈夫よ」という保育者のメッセージを表情や言葉で丁寧に伝えることにより，自分は守られている，愛されて育まれているという実感を獲得することができる（榊原 2016, p.22-23）。

３．乳幼児期にふさわしい経験

『保育所保育指針解説』では保育所における幼児教育の積極的な位置づけとして「保育所においては，子どもが現在をもっとも良く生き，望ましい未来をつくり出す力の基礎を培うために，環境を通して養護及び教育を一体的に行っている。」（p.5）と述べている。幼稚園教育要領では幼児期の教育について「生涯にわたる人格形成の基礎を培う重要なものであり（中略）幼児期の特性をふまえ，環境を通して行うものであることを基本とする」（p.5）と示している。このように，乳幼児期の教育は『環境を通して行う教育』なのである。保育所内での環境は保育者をはじめとする子どもとかかわる人の存在や，保育室や園庭など子どもを包むものなど子どもが生活する中でかかわりをもつ全てのものをいう。子どもはこれらの環境に興味・関心を示し，自らかかわり，様々な経験を積み重ねていく。この積み重ねとなる環境は，子ども一人ひとりの発達過程を考慮し，計画的に整えられたものでなくてはならないのである。乳幼児期はその特性からふさわしい経験が環境として取り入れられなくてはならない。乳児は人として大きく成長，発達する重要な時期であり，この時期，五感を最大限に発揮して様々な環境を取り込んでいる。また，生理的欲求に応えてくれる心地よい人やものとのかかわりの繰り返しが，乳児の生活リズムを整え，探索活動を活発にし，感覚の働きを豊かにするのである。そして，幼児期は生きる力の基礎を培う教育としてのふさわしい経験ができる環境の在り方を追求していく必要がある。保育所保育指針では育みたい資質・能力を次のように示している。

保育所保育指針　第1章

第1章　総則　4　幼児教育を行う施設として共有すべき事項 （ア）豊かな体験を通じて，感じたり，気付いたり，分かったり，できるようになったりする「知識及び技術の習得」 （イ）気付いたことや，できるようになったことなどを使い，考えたり，試したり，工夫したり，表現したしする「思考力，判断力，表現力等の基礎」 （ウ）心情・意欲・態度が育つ中で，よりよい生活を営もうとする「学びに向かう力，人間性等」

例えば3歳児での粘土遊びでは，最初は丸める，伸ばす，粘土板があればそれにくっつけてみるなど粘土の可塑性を利用して試して遊んでいる様子が見られる。そこから，お団子に見立てお皿を用意して飾ってみたり，丸める大きさを変えることによって見立てるものが変わってきたり，大きさの違うものを転がすことで，速度の違いを感じてみたりする。子どもは自分の主体的行動が形として現れることに目を輝かせながら夢中に取り組んでいく。保育者はこの時の子どもが何に目を輝かせ，何を楽しみ，何に気付き，何が出来ていて，何に困っているのかをしっかり見極め，子どもの何が育っているのか，この地点からさらに何を育てていくのかを考え，一人ひとりにふさわしい環境を構成していかなくてはならないのである。

第４節　保育所保育の目標

保育所は，保育方針をそれぞれで持ち，施設の規模や地域性からの影響を受けるので実践される保育はそれぞれの特徴がある。しかし，我が国における全ての保育所の目標は保育所保育指針に明示されている。つまり，子どもの保育を通して，子どもが現在を最も良く生き，望ましい未来を作り出す力の基礎を培うことと，入所する子どもの保護者に対して，その援助に当たることである。保育所保育の目標には，子どもの保育と保護者への支援の二つがあることになる。理由は，「保育所の役割が，保育を必要とする子どもの保育を行い，その健全な心身の発達を図ることを目的とする児童福祉施設であり」，「入所する子どもの保護者に対する支援及び地域の子育て家庭に対する支援等を行う役割を担うものである」からだ(厚生労働省編 2018，p.13-16)。更に，子どもの保育の目標は，「養護」にかかわるものと「教育」にかかわるものがある。保育所保育の目標の構造を以下の図6-4に示した。

ア　子どもの保育の目標		イ　保護者支援の目標
養護	（ア）十分に養護の行き届いた環境の下で，くつろいだ雰囲気の中で子どもの様々な欲求を満たし，生命の保持及び情緒の安定を図ること。	保育所は入所する子どもの保護者に対し，その意向を受け止め，子どもと保護者の安定した関係に配慮し，保育所の特性や保育士等の専門性を生かして，その援助に当たらなければならない。
教育	（イ）健康，安全などの生活に必要な基本的な習慣や態度を養い，心身の健康の基礎を培うこと（健康） （ウ）人との関わりの中で，人に対する愛情と信頼感，そして人権を大切にする心を育てるとともに，自主，自立及び協調の態度を養い，道徳性の芽生えを培うこと（人間関係） （エ）生命，自然及び社会の事象についての興味や関心を育て，それらに対する豊かな心情や思考力の芽生えを培うこと（環境） （オ）生活の中で，言葉への興味や関心を育て，話したり，聞いたり，相手の話を理解しようとするなど，言葉の豊かさを養うこと（言葉） （カ）様々な体験を通して，豊かな感性や表現力を育み，創造性の芽生えを培うこと（表現）	

図6-4　保育所保育の目標の構造

高橋（2012）によると,「保育所の長い生活時間を考慮して，子ども一人ひとりが安心して，安定した気持ちを保ちながら健全な発達できることを保障し，自発的に意欲を持って生活ができるような人的・物的環境を整える配慮をしていくことが，養護の内容と考えることが出来るだろう」（p.63）と論じている。このように，幼稚園教育と比べると保育所保育の特徴は，入所する子どもの年齢が０歳から３歳未満であり，さらに保育時間の長さから,「養護」という子どもの生命の保持と情緒の安定を目指す目標があることである。もちろん，保育所を卒園した子どもも幼稚園や認定こども園と同じ小学校へ進学する。そこで，教育における保育の目標や内容が異なることがないよう，図6-4で示した教育の（イ）～（カ）までの五つの目標は，幼稚園教育の目標と共通している。保育所保育の教育における五つの目標は，保育における５領域（健康，人間関係，環境，言葉，表現）と展開されるのだ。「養護」は，保育所保育の基礎であり，保育所保育においては，「養護」と「教育」は一体的に展開されるものである。つまり，子ども達の生命の保持と情緒の安定に保育士が配慮しながら，「教育」である保育の５領域に明記されたねらいと内容を実践していかなければならない。『保育所保育指針解説』にも，「養護と教育にかかわる目標は，子ども達が人間として豊かに育っていく上で必要となる力の基礎となるものを，保育という営みに即して明確にしようとするものである。これらの目標を，一人ひとりの保育士等が自分自身の保育観，子ども観と照らし合わせながら深く理解するとともに，保育所全体で共有しながら，保育に取り組んでいくことが求められる」と記しているように，保育所保育の目標は個人のみではなく，園全体で保育の全体的な計画や指導計画を立案する際に共有し，日々の保育の中で目標の達成に向けて実践し，評価し合い，再構成していくことが求められている。この過程がカリキュラムマネジメントの一部であり，保育の質を向上する一助につながる。

更に，保育所保育の目標には，保護者支援があることも特徴の一つである。保育所が福祉を目的とした施設であるからである。つまり，保育所は，保育を必要とする子どもの為であるとともに，子育て家庭を支援する施設でもある。保護者に対する援助は，子どもの保育と深く関連して行われるものである。保護者の意見や要望等からその思いや願いを保育士は受容し，考慮した上で，適切に対応しなければならない。それぞれの保護者や家庭の状況を保育士は考慮し，職員間で連携を図りながら適切に保護者を支援していく。また，園での送迎時での言葉がけや日々の保育の意図や取り組み，園での子ども達の様子を丁寧に保護者に伝えていく。時には保護者からの情報提供もあるだろう。こういった日々の積み重ねが信頼関係の深まりとなっていく。保護者と保育士が連携し合い，子どもを育てていくためには，信頼関係が不可欠である。保育士が一方的に優れた保育だと思い込んでも保護者との信頼関係が築かれていない場合，子ども達にとっては不安感を感じることすらあることを忘れてはいけない。

第5節　保育所保育の内容

1．保育所保育の保育内容の構造の特徴

保育所保育指針の保育内容の特徴は，年齢別に「乳児保育」「1歳以上3歳未満児」「3歳以上児」の三つに区分されることである。この理由を『保育所保育指針解説』では，「乳児から2歳児までは，心身の発達の基礎が形成される上で極めて重要な時期である。また，この時期の子どもが，生活や遊びの様々な場面で主体的に周囲の人やものに興味をもち，直接関わっていこうとする姿は，『学びの芽生え』といえるものであり，生涯の学びの出発点にも結び付くものである。こうしたことをふまえ，3歳未満児の保育の意義をより明確化し，その内容について一層の充実を図った」と記されている。

2つ目の特徴は，乳児保育の保育内容が「領域」ではなく，「視点」として区分されていることである。この理由についても，『保育所保育指針解説』で，「乳児期は，発達の諸側面が未分化であるため，『健やかに伸び伸びと育つ』『身近な人と気持ちが通じ合う』『身近なものと関わり感性が育つ』の3つの視点から保育内容を整理して示し，実際の保育現場で取り組みやすいものとなるようにした」と書かれている。これらの3つの視点は，その後の1歳以上の子ども達が受ける保育の5領域と関連が深い。例えば，「すこやかの伸び伸びと育つ」は，身体的な発達に関する視点であるので，「健康」の領域を育てるための土台でもある。次の「身近な人と気持ちが通じ合う」は，社会的発達に関する視点であり，「人間関係」と「言葉」の領域の土台となる。最後の「身近なものとの関わり感性が育つ」は，精神的発達に関する視点であり，「環境」「言葉」「表現」の領域の土台となる内容を多く含んでいる。

3つ目の特徴は，各視点及び各領域の最初に「基本的事項」が記されていることである。この項目は幼保連携型認定こども園教育・保育要領にはあるが，幼稚園教育要領には無い。「基本的事項」には，該当年齢の子どもの発達の特徴，視点及び領域の定義，「養護」と一体化した保育を実践する留意が明記されている。

4つ目の特徴は，1歳以上3歳未満児の保育内容の5領域は，次の3歳以上児の教育の5領域と密接に関連を持っていることである。例として，1歳以上3歳未満児の「健康」のねらいと3歳以上児の「健康」のねらいをあげてみる。3つのねらいとも保育内容は共通しているが，求める子どもの姿が異なっている。例えば，1歳以上3歳未満児の健康のねらいの一番目は，「①明るく伸び伸びと生活し，自分から体を動かすことを楽しむ」でありが，3歳児以上の健康のねらいの一番目は，「①明るく伸び伸びと行動し，充実感を味わう」と展開される。子ども達が明るく伸び伸びすることまでは共通しているが，3歳

未満では先ずは体を動かす楽しさを体験することに重点が置かれ，楽しい体験を積み重ねているからこそ，子ども自らが行動する時に充実感を味わうことをねらいとして設定している。次の健康のねらいの２番目も同様である。１歳以上３歳未満では，「②自分の体を十分に動かし，様々な動きをしようとする」であるが，３歳児以上では，「②自分の体を十分に動かし，進んで運動しようとする」と展開されている。「自分の体を十分に動かし」までは共通である。１歳以上３歳未満児では，様々な動きを体験させ，その経験により３歳以上児は，進んで運動しようとするとねらいが記載されている。このように，１歳以上３歳未満児の保育内容の各領域のねらいは，３歳児以上の各領域のねらいとのつながりが深く，子どもの育ちの連続性が考慮されているのだ。また，2017（平成29）年の保育所保育指針より，保育所における教育については，幼保連携型認定こども園及び幼稚園との保育内容の構成の共通化を図るために，「健康・人間関係・環境・言葉・表現」の各領域における「ねらい」「内容」に続いて，「内容の取扱い」が記載された。保育所保育内容の構造を図6-5にまとめた。子どもの望ましい体験が保育内容である。保育所保育指針の保育内容は子どもの育ちに適切に対応できるように構造化されているのだ。

年齢区分		３つの視点		
乳児保育	視点の名称	健やかに伸び伸びと育つ	身近な人と気持ちが通じ合う	身近なものと関わり感性が育つ
	ねらい	３項目	３項目	３項目
	内容	５項目	５項目	５項目
	内容の取扱い	２項目	２項目	２項目

⇓

年齢区分		５つの領域				
１歳以上 ３歳未満児	領域の名称	健康	人間関係	環境	言葉	表現
	ねらい	３項目	３項目	３項目	３項目	３項目
	内容	７項目	６項目	６項目	７項目	６項目
	内容の取扱い	４項目	３項目	３項目	３項目	４項目

⇓

年齢区分		５つの領域				
３歳以上児	領域の名称	健康	人間関係	環境	言葉	表現
	ねらい	３項目	３項目	３項目	３項目	３項目
	内容	10 項目	13 項目	12 項目	10 項目	８項目
	内容の取扱い	６項目	６項目	５項目	５項目	３項目

図6-5　保育所保育の保育内容の構造

第７章

幼保連携型認定こども園教育・保育要領における保育

第１節　幼保連携型認定こども園における教育及び保育の基本

１．認定こども園の概要

幼保連携型認定こども園の教育・保育要領における保育を学ぶ上で，まず認定こども園の機能と役割について理解しておくことが前提である。認定こども園とは，乳幼児の教育・保育を一体的に行っている施設であり，2006（平成18）年に創設され，就学前の子どもに関する教育，保育等の総合的な提供の推進に関する法律（以下，認定こども園法）に基づき，乳幼児の教育・保育がおこなわれている。いわば幼稚園と保育所の両方の機能の良さを併せもった施設であるといえよう。そこでは，以下の図7-1に示した機能を備えている。

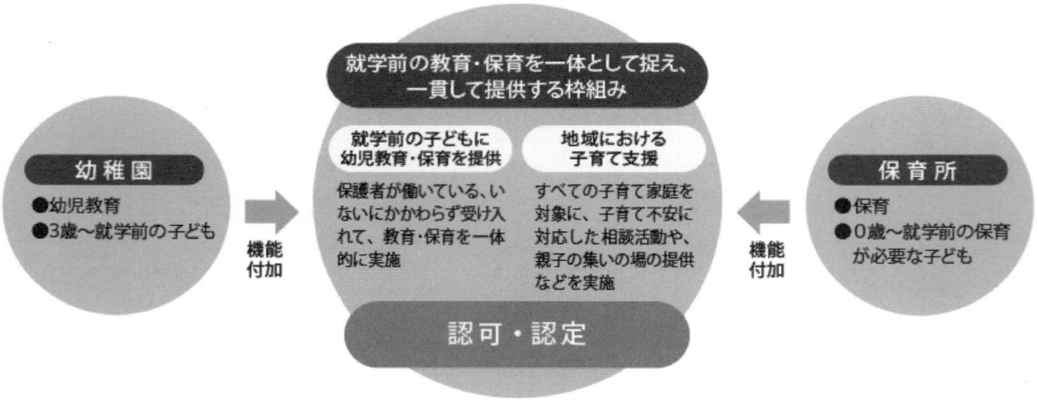

図7-1　認定こども園の概要
出典：内閣府子ども・子育て本部　認定こども園ホームページ
http://www8.cao.go.jp/shoushi/kodomoen/gaiyou.html

また，幼保連携型認定こども園の重要な機能としては，２つあげられる。１つめは，就学前の子どもに幼児教育・保育を提供する機能（保護者が働いている，いないにかかわらず受け入れて，教育・保育を一体的に行う機能）である。２つめは，地域における子育て支援を行う機能（すべての子育て家庭を対象）である。

表7-1　認定こども園のタイプ

タイプ	機　　能
幼保連携型	幼稚園的機能と保育所的機能の両方の機能をあわせ持つ単一の施設として，認定こども園としての機能を果たすタイプ
幼稚園型	認可幼稚園が，保育が必要な子どものための保育時間を確保するなど，保育所的な機能を備えて認定こども園としての機能を果たすタイプ
保育所型	認可幼稚園，保育が必要な子どものための保育時間を確保するなど，保育所的な機能を備えて認定こども園としての機能を果たすタイプ
地方裁量型	幼稚園・保育所いずれの認可もない地域の教育・保育施設が，認定こども園として必要な機能を果たすタイプ

資料：内閣府子ども・子育て本部　認定こども園ホームページをもとに筆者作成

認定こども園のタイプは，幼保連携型，幼稚園型，保育所型，地方裁量型など，地域の実情や保護者のニーズに応じた選択が可能となる多様なタイプがある（表7-1）。利用する子どもの認定区分（１号認定，２号認定，３号認定）や，法制度面についての詳細は，先述されている第４章第３節を参照してもらいたい。

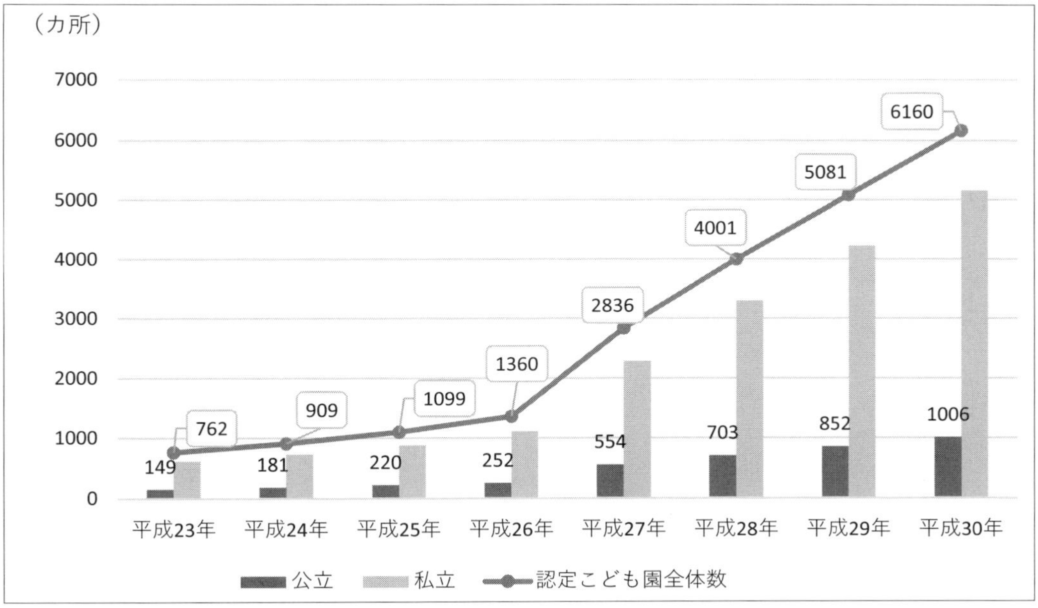

図7-2　認定こども園の全体数の推移
（内閣府子ども・子育て本部認定こども園数の推移（各年４月１日時点）をもとに筆者作成）

認定こども園数は，2018（平成30）年度４月１日時点6160カ所（図7-2）で，待機児童の対策としても年々増加傾向にあり，中でも幼保連携型認定こども園は，その4,409カ所を占めている（図7-3）。

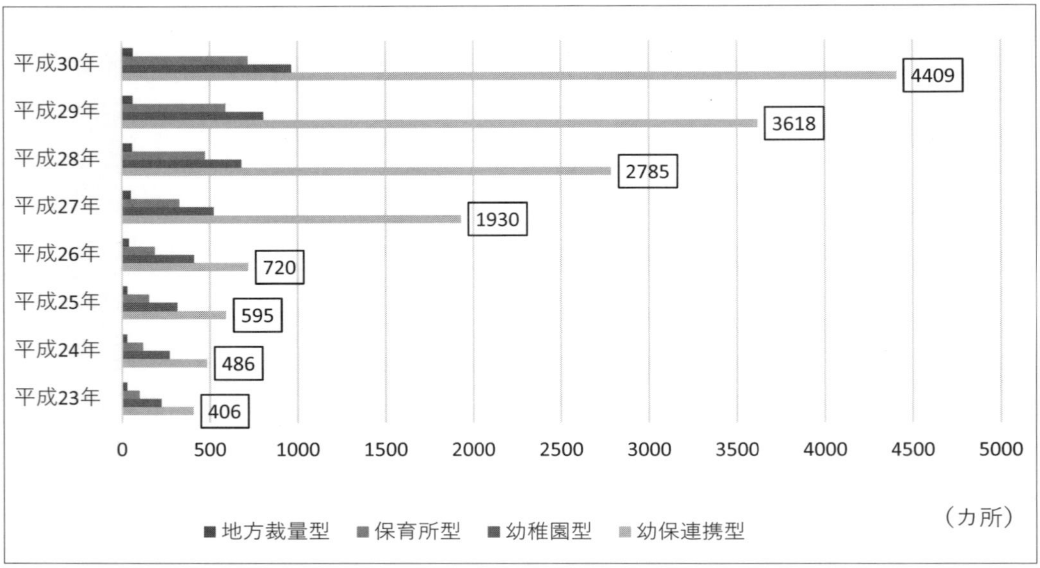

図7-3　類型別の認定こども園数の推移

（内閣府子ども・子育て本部認定こども園数の推移（各年４月１日時点）をもとに，筆者作成）

２．幼保連携型認定こども園教育・保育要領

幼保連携型認定こども園教育・保育要領は，全ての子どもに質の高い幼児期の学校教育及び保育の総合的な提供を行うため，認定こども園法第10条に基づき，幼保連携型認定こども園の教育課程その他の教育及び保育の内容に関する基準として定められた。その幼保連携型認定こども園教育・保育要領は，2014（平成26）年４月に内閣府，文部科学省，厚生労働省により告示され，2015（平成27）年４月に施行された。このたび，幼稚園教育要領と保育所保育指針の改正に当たり，その整合性の確保をし，2017（平成29）年３月に内閣府・文部科学省・厚生労働省告示第１号をもって公示し2018（平成30）年４月１日から施行となった。各幼保連携型認定こども園が教育及び保育を一体的に提供するため，創意工夫を生かしながら園児の心身の発達と幼保連携型認定こども園や家庭及び地域の実態に即した適切な教育・保育の内容並びに子育て支援を行っていくためには，幼保連携型認定こども園教育・保育要領をふまえて教育・保育を実施することが基本となる。また，幼保連携型認定こども園以外の認定こども園においても，この教育・

保育要領をふまえて教育又は保育を行わなければならない（認定こども園法第６条）とされている。

３．幼保連携型認定こども園教育・保育要領の構成

幼保連携型認定こども園教育・保育要領は，以下のような第１章から第４章で構成されている（図7-4）。第１章では総則，第２章では教育・保育のねらい及び内容並びに配慮事項が具体的に述べられている。また第３章では，健康及び安全について第４章では子育て支援について，認定こども園の特色を活かした役割が示されている。

第1章　総則

第1　幼保連携型認定こども園における教育及び保育の基本及び目標等
第2　教育及び保育の内容並びに子育ての支援等に関する全体的な計画等
第3　幼保連携型認定こども園として特に配慮すべき事項

第2章　ねらい及び内容並びに配慮事項

第1　乳児期の園児の保育に関するねらい及び内容
「健やかに伸び伸びと育つ」
「身近な人と気持ちが通じ合う」
「身近なものと関わり感性が育つ」
第2　満1歳以上満3歳未満の園児の保育に関するねらい及び内容
健康　1ねらい　2内容　3内容の取扱い
人間関係　1ねらい　2内容　3内容の取扱い
環境　1ねらい　2内容　3内容の取扱い
言葉　1ねらい　2内容　3内容の取扱い
表現　1ねらい　2内容　3内容の取扱い
第3　満3歳以上の園児の教育及び保育に関するねらい及び内容
健康　1ねらい　2内容　3内容の取扱い
人間関係　1ねらい　2内容　3内容の取扱い
環境　1ねらい　2内容　3内容の取扱い
言葉　1ねらい　2内容　3内容の取扱い
表現　1ねらい　2内容　3内容の取扱い

第3章　健康及び安全

第1　健康支援
第2　食育の推進
第3　環境及び衛生管理並びに安全管理
第4　災害への備え

第4章　子育ての支援

第1　子育ての支援全般に関わる事項
第2　幼保連携型認定こども園の園児の保護者に対する子育ての支援
第3　地域における子育て家庭の保護者等に対する支援

図7-4　幼保連携型認定こども園教育・保育要領の構成
（幼保連携型認定こども園教育・保育要領<平成29年告示>をもとに筆者作成）

４．幼保連携型認定こども園における教育及び保育の基本

幼保連携型認定こども園における教育及び保育の基本は，「幼保連携型認定こども園における教育及び保育の目的」や，「幼保連携型認定こども園における教育及び保育の目標」を達成するために，乳幼児期全体を通して，その特性及び保護者や地域の実態をふまえ，環境を通して行うものである。そして，家庭や地域での生活を含めた園児の生活全体が豊かなものとなるように努めるために，保育教諭等は，次に示す事項を重視し

て教育及び保育を行わなければならない。

幼保連携型認定こども園教育・保育要領　第１章

> 第１章　総則　第１　幼保連携型認定こども園における教育及び保育の基本及び目標等
> （１）乳幼児期は周囲への依存を基盤にしつつ自立に向かうものであることを考慮して，周囲との信頼関係に支えられた生活の中で，園児一人一人が安心感と信頼感をもっていろいろな活動に取り組む体験を十分に積み重ねられるようにすること。
> （２）乳幼児期においては生命の保持が図られ安定した情緒の下で自己を十分に発揮することにより発達に必要な体験を得ていくものであることを考慮して，園児の主体的な活動を促し，乳幼児期にふさわしい生活が展開されるようにすること。
> （３）乳幼児期における自発的な活動としての遊びは，心身の調和のとれた発達の基礎を培う重要な学習であることを考慮して，遊びを通しての指導を中心として第２章に示すねらいが総合的に達成されるようにすること。
> （４）乳幼児期における発達は，心身の諸側面が相互に関連し合い，多様な経過をたどって成し遂げられていくものであること，また，園児の生活経験がそれぞれ異なることなどを考慮して，園児一人一人の特性や発達の過程に応じ，発達の課題に即した指導を行うようにすること。
> （下線は筆者）

その際，保育教諭等は，園児の主体的な活動が確保されるよう，園児一人ひとりの行動の理解と予想に基づき，計画的に環境を構成しなければならない。この場合において，保育教諭等は，園児と人やものとのかかわりが重要であることをふまえ，教材を工夫し，物的・空間的環境を構成しなければならない。また，園児一人ひとりの活動の場面に応じて，様々な役割を果たし，その活動を豊かにしなければならない。

なお，幼保連携型認定こども園における教育及び保育は，園児が入園してから終了するまでの在園期間全体を通して行われるものであり，この章の第３節に示す幼保連携型認定こども園として特に配慮すべき事項を十分にふまえて行うものとする。(内閣府ほか 2017, p.5)

認定こども園法　第２条

> 第２条７項　幼保連携型認定こども園における教育及び保育の目的
> この法律において「幼保連携型認定こども園」とは，義務教育及びその後の教育の基礎を培うものとしての満三歳以上の子どもに対する教育並びに保育を必要とする子どもに対する保育を一体的に行い，これらの子どもの健やかな成長が図られるよう適当な環境を与えて，その心身の発達を助長するとともに，保護者に対する子育ての支援を行うことを目的として，この法律の定めるところにより設置される施設をいう。（下線は筆者）

第２節　幼保連携型認定こども園における教育及び保育の目標

１．幼保連携型認定こども園の教育・保育の目標

幼保連携型認定こども園は，家庭との連携を図りながら，先にも述べた幼保連携型認定こども園における教育及び保育の基本に基づいて一体的に展開される幼保連携型認定こども園における生活を通して，生きる力の基礎を育成するよう，認定こども園法第９条に規定する幼保連携型認定こども園の教育及び保育の目標の達成に努めなければならない。幼保連携型認定こども園は，このことにより，義務教育及びその後の教育の基礎を培うとともに，子どもの最善の利益を考慮しつつ，その生活を保障し，保護者と共に園児を心身ともに健やかに育成するものとする。

認定こども園法　第９条

第９条　幼保連携型認定こども園における教育及び保育の目標
幼保連携型認定こども園においては，第２条第７項に規定する目的を実現するため，子どもに対する学校としての教育及び児童福祉施設（児童福祉法第７条第１項に規定する児童福祉施設をいう。次条第２項において同じ。）としての保育並びにその実施する保護者に対する子育て支援事業の相互の有機的な連携を図りつつ，次に掲げる目標を達成するよう当該教育及び当該保育を行うものとする。

１．健康，安全で幸福な生活のために必要な基本的な習慣を養い，身体諸機能の調和的発達を図ること。
２．集団生活を通じて，喜んでこれに参加する態度を養うとともに家族や身近な人への信頼感を深め，自主，自律及び協同の精神並びに規範意識の芽生えを養うこと。
３．身近な社会生活，生命及び自然に対する興味を養い，それらに対する正しい理解と態度及び思考力の芽生えを養うこと。
４．日常の会話や，絵本，童話等に親しむことを通じて，言葉の使い方を正しく導くとともに，相手の話を理解しようとする態度を養うこと。
５．音楽，身体による表現，造形等に親しむことを通じて，豊かな感性と表現力の芽生えを養うこと。
６．快適な生活環境の実現及び子どもと保育教諭その他の職員との信頼関係の構築を通じて，心身の健康の確保及び増進を図ること。　（下線は筆者）

２．幼保連携型認定こども園の教育に関するねらい

幼保連携型認定こども園教育・保育要領は，保育所保育指針や幼稚園教育要領との整合性が図られているが，特に，教育に関するねらいは共通のものとなっている。また，

小学校との連携についての規定も同様である。就学前の子どもがどこに在籍していても目指すところは同じであり，保育内容の５領域をふまえた総合的な「遊び」としての保育実践が求められている。幼保連携型認定こども園教育・保育要領第２章のねらいと内容については，保育所保育指針同様に「乳児・１歳以上３歳未満児・３歳以上児」と，園児の発達の側面から３段階に分け，乳児は３つの視点として１歳以上児は５つの領域として編成している。乳児期は，身体的発達に関する視点「健やかに伸び伸びと育つ」，社会的発達に関する視点「身近な人と気持ちが通じ合う」，精神的発達に関する視点「身近なものと関わり感性が育つ」，の３つの視点である。満１歳以上の園児には保育内容５領域としてねらいを示している。健康は「健康な心と体を育て，自ら健康で安全な生活をつくり出す力を養う。」，人間関係は「他の人々と親しみ，支えあって生活するために，自立心を育て，人と関る力を養う。」，環境は「周囲の様々な環境に好奇心や探究心をもって関わり，それらを生活に取り入れていこうとする力を養う。」，言葉は「経験したことや考えたことなどを自分なりの言葉で表現し，相手の話す言葉を聞こうとする意欲や態度を育て，言葉に対する感覚や言葉で表現する力を養う。」，表現は「感じたことや考えたことを自分なりに表現することを通して，豊かな感性や表現する力を養い，創造性を豊かにする。」と，領域ごとに「ねらい」とねらいを達成するための「内容」と園児の発達をふまえた指導上の留意点としての「内容の取扱い」を設定している。その各年齢・時期にふさわしい指導の積み重ねが「幼児期の終わりまでに育ってほしい10の姿」につながっていくのである。

さらに，幼保連携型認定こども園の教育・保育の目標は，義務教育の基礎を培うことはもとより，義務教育以降の教育の基礎，つまり生涯発達し続けていく園児一人ひとりの基礎を培う重要なものであることを忘れてはならない。また，発達や学びの連続性や生活の連続性の観点からも，認定こども園第９条に規定する幼保連携型認定こども園の教育・保育の目標は，満３歳未満の園児の保育にもあてはまることに留意し，乳幼児期から小学校就学の始期に達するまでの全体が，園児の生きる力の基礎を育成するということを，保育教諭等や保護者等で共有することが大切である。

幼保連携型認定こども園教育・保育要領の第２章では，教育・保育のねらいや内容が具体的に示されている。また，第４章には「子育て支援」の内容の基本が示されている。幼保連携型認定こども園は，保育所と同様に地域に住んでいる子育て中の家庭への支援拠点となる役割を担っている。そのことについては，幼保連携型認定こども園教育・保育要領に，地域における子育て家庭の保護者等に対する支援として，「幼保連携型認定こども園は，地域の子どもが健やかに育成される環境を提供し，保護者に対する総合的な子育ての支援を推進するため，地域における乳幼児期の教育及び保育の中心的な役割を果たすよう努めること。」と示されている（内閣府ほか 2017)。

第３節　幼保連携型認定こども園として特に配慮すべき事項

幼保連携型認定こども園における教育及び保育を行うに当たっては，以下の７つの事項について特に配慮しなければならない。

1　集団生活の経験年数が異なる園児がいることに配慮した０歳から小学校就学前までの一貫した教育及び保育
2　一日の生活の連続性及びリズムの多様性に配慮した教育及び保育の内容の工夫
3　環境を通して行う教育及び保育
4　指導計画作成上の特に配慮すべき事項
5　幼保連携型認定こども園における養護
6　園児の健康及び安全
7　保護者に対する子育ての支援

それぞれについて詳しくみていくこととしよう。

1　集団生活の経験年数が異なる園児がいることに配慮した教育及び保育

特に３歳児クラスについては，乳児から入園していた場合と３歳から入園してきた集団生活の経験年数が異なる園児がいることを配慮して一人ひとりが安心感をもてるようなかかわりを大切にしていき，０歳から小学校就学前までの一貫した教育及び保育を行っていくことを保育者は忘れてはならない。

2　一日の生活の連続性及びリズムの多様性に配慮した教育及び保育の内容の工夫

保護者の生活形態により在園時間に長短があるとともに，入園時期や登園日数にも違いがあるため，園児一人ひとりの状況に応じて，心身の負担に無理がなく自然な生活の流れを作り出していくことが出来るように，一日の生活の連続性及びリズムの多様性に配慮した教育及び保育の内容の工夫が必要である。

3　環境を通して行う教育及び保育

環境を通して行う教育及び保育の活動の充実を図るための環境の構成としては，乳幼児期の特性及び保護者や地域の実態をふまえたものでなければならない。そこで，次の事項に留意しなければならない。（1）発達の特性をふまえた工夫（2）在園時間の違い等による配慮（3）異年齢の子どもとかかわる機会の異年齢交流活動の設定（4）３歳以上児の長期的な休業中やその後の過ごし方等への配慮以上の４点について配慮し，園児が自らの興味や関心に基づいて，自発的，主体的にかかわりたくなり，自分のペースで安心して遊べる環境を構成することが大切である。

４　指導計画作成上の特に配慮すべき事項

指導計画作成上の特に配慮すべき事項として，（1）発達の過程に応じた教育及び保育（2）発達の連続性を考慮した教育及び保育（3）一日の生活のリズムや在園時間が異なる園児が共に過ごすことへの配慮（4）安心して眠ることのできる安全な午睡環境の確保（5）延長保育夜間保育等，長時間にわたる教育及び保育 などがあげられる。
以上の５点について，各々の保育教諭等が一日の流れを把握した上で，担当する時間や園児にふさわしい対応ができるよう，教育および保育のねらいや内容等について共通理解を図った上で指導計画作成に取り組むことが重要である。

５　幼保連携型認定こども園における養護

幼保連携型認定こども園における養護として，（1）生理的欲求や健康増進からの留意事項と（2）情緒の安定の観点からの留意事項の２点の配慮が必要である。
（1）生理的欲求や健康増進からの留意事項としては，園児の生命を守り，園児一人ひとりが健康で安全に過ごすことができるようにするとともに園児の生理的欲求が満たされ，健康増進が図られるようにする。それは，保育教諭等の応答的な具体的援助やかかわりにより実現するものである。
（2）情緒の安定の観点からの留意事項としては，園児が安定感をもって過ごし，自分への自信や自己肯定感が育まれるようにする。そのためには，園児一人ひとりが保育教諭等の温かい受容的なかかわりによって，安心して自分の気持ちを表現できるように，信頼関係を築いていくことが重要である。

６　園児の健康及び安全

園児の生命と心の安定が保たれ，健やかな生活が確立されることは，日々の教育及び保育の基本である。そのためには，園児一人ひとりの健康状態や発育及び発達の状態に応じ，バランス良く食事をすることで心も満たされるよう食育の推進や，安全管理及び危険回避に努めていくことが大切である。

７　保護者に対する子育ての支援

保育教諭等が，保護者との連携や交流を通して子どもへの愛着や成長を喜ぶ気持ちを共感し合うことによって，保護者は子育てへの意欲や自信をもつことができる。幼保連携型認定こども園の施設・設備は，子育ての支援の活動にふさわしい条件を多く備えており，園児の保護者や地域の子育て家庭への支援においても様々な育ちを理解し支える教育及び保育を実践している場ある。保護者が子育てに不安や負担感を感じていたら，保育教諭等の働きかけにより，子どもの成長に心を動かし子育てを楽しいと感じることができるような環境づくりが望まれる。保育者は，幼保連携型認定こども園の特性を生かした子育て支援に努めることが大切である。

また，幼保連携型認定こども園は，地域の子育て支援センターとして，子育て中の保護者を支援する役割も期待されており，在園児の親子も未就園児の親子にとっても最も身近な地域の子育て支援センターとして，保護者が親としての機能を発揮するための養育支援としての大きな役割を担っている。子どもを健全に育むことは，社会や人類の未来を形成することに直接つながっている。しかしながら，現代の大きく変化してしまった社会環境や家族関係の家庭の中で，健全な子育てが困難になってきている昨今，幼保連携型認定こども園は子育て機関としてその未来を担っているといえよう。

以上のことから，保育者は，幼保連携型認定こども園教育・保育要領に基づいて，特に配慮する事項をふまえて，子どもの健やかな育ちの保障を担っている存在である責任と使命をもって従事することが大切である。良い大人社会を作っていくためには，充実した生活を保障する良い子ども時代を送らせることが必要である。幼保連携型認定こども園では，社会全体で子育てを行っていく中心的役割の保育者が，人格形成の第一時期である乳幼児期に，一人ひとりの人権を尊重して丁寧にかかわることを心がけ，保育に携わっていくことが重要である。

第８章

保育の計画

第１節　カリキュラムの意義とその役割

１．カリキュラムとは

１）教育課程とカリキュラム

学校教育にかかわることで，教育課程という言葉とともにカリキュラムという言葉が同じような意味合いで用いられている。

カリキュラム（curriculum）は，語源がラテン語の「currere」であり走ること・競走路のコースや人生の競争・人生の来歴をも含意していた。コースや来歴といった意味から転じて16世紀頃からは学校で教えられる教科目やその内容及び時間配当など学校の教育計画を意味する教育用語として用いられるようになった。そのカリキュラムの訳語として，第２次世界大戦までは「教科課程」や「学科課程」，1951（昭和26）年の学習指導要領改定の頃より「教育課程」が用いられるようになった（柴田 2000）。このように，カリキュラムと教育課程は原語と訳語の関係ととらえられてきた。

しかし，徐々に違いが生じてくる。カリキュラムとその訳語として用いられていた教育課程が，用いる目的や用いられ方において各々の道を進んできたのである。そのため，カリキュラムと教育課程は単なる原語と訳語の関係だけではなくなってきた。大きな違いの一つが，教育課程は教育をする側の「教育計画」であり，それに対してカリキュラムは教育計画として，用いられもするが，子どもの側からの「学びの履歴」という意味も持つということである。教育課程は国の教育政策で用いられることが多く，公的な教育がどの学校においても基準を満たすことを目的に，教育の目的・目標やそれに基づく教育内容を意図的に計画していくという意味合いがより強くなってきた。その一方で，子どもの学習の立場からのカリキュラム研究が進んできた。「かくれたカリキュラム」すなわち非計画的で無意図的な教育内容が，結果として子どもが習得することやその内容が明らかにされたのである。すなわち，教育課程は国家的基準によるプランであり構成され顕在化・明文化されたものを表す用語になっていき，カリキュラムは「かくれた」部分を含めて「学習者に与えられる学習経験の総体」「子どもの学びの総体」としてのとらえ方になってきたのである（天野編 1999）。カリキュラムは，目の前にいる子どもたちの実際を受け止め，その子どもたちが学校において，そして人間としてこれからの社会を生きていくものとして成長・発達するような人的・空間的・時間的環境において，影響を受けるすべてであり，それらを考慮する広い概念として用いられるようになったのである。

2） 幼稚園における教育課程とカリキュラム

文部科学省は2017（平成29）年改定学習指導要領には，教育課程を「各学校の教育活動の中核として最も重要な役割を担うもの」であり，学校教育の目的や目標を達成するために，教育内容を子どもの心身の発達に応じ，授業時数との関連において総合的に組織した各学校の教育計画としている。同年改訂の幼稚園教育要領においては，教育課程を編成する際に，教育基本法及び学校教育法その他の法令並びに幼稚園教育要領の示すところに従い，「創意工夫を生かし，幼児の心身の発達と幼稚園及び地域の実態に即応した適切な教育課程を編成する」ことが求められている。そして，「幼稚園教育において育みたい資質・能力を踏まえ，各幼稚園の教育目標を明確にするとともに，教育課程編成についての基本的な方針が家庭や地域とも共有されるよう努めるもの」と示されている。

このように，法・法令や幼稚園教育要領をもとに，教育課程の編成が求められている。公教育として国の教育政策である目的・目標や内容のもと「幼児期の終わりまでに育ってほしい姿」をふまえて教育課程を編成すること，各々の幼稚園の理念や実態や地域・子どもの実際に基づいて具体的に教育課程を編成し，そのため創意工夫することは重要なことである。幼児教育は，教育内容である５領域を，総合的に，環境を通して，幼児の主体的活動である遊びを行う中で，幼児一人ひとりの発達を目指す教育を行うことが特徴である。小学校以上の学校に比べて，多様なカリキュラムのとらえ方や編成がより可能であり，幼児教育の独自性にも当てはまる。様々なカリキュラム論を知り，実態に即して教育課程を改善していくことが，幼児期に合う教育を行うことに繋がっていくのである。

2．幼稚園におけるカリキュラム

1）カリキュラム研究

カリキュラム論にはどのようなものがあるのであろうか。以下，簡単に紹介する。

（1）顕在的カリキュラムと潜在的カリキュラム

「顕在的カリキュラム」は学校教育における計画的・組織的に営まれるカリキュラムであり，「潜在的カリキュラム」は学校・家庭や地域社会において子ども・青年の態度や価値の形成に永続的な影響を与える無意図的な教育機能である。同様な概念として前者に該当するのが「公式的カリキュラム」，後者に該当するのが，「かくれたカリキュラム」である。

政策的，計画的，効率的なとらえ方のみでは子どもの発達・成長はとらえきれない。「潜在的カリキュラム」から教師やクラス等の集団の雰囲気や社会状況等の影響も考慮してカリキュラムを編成することができる。このようにして幼児一人ひとりの立場に立とうとし，幼児を受け止め理解し信頼関係を築こうと努力する幼稚園教諭であろうとすることや，幼児同士が楽しい関係を持てるクラスを育てようと心掛けることなどは，幼児教育において重要な意味を持つ。

(2) 教科カリキュラムと経験カリキュラム

「教科カリキュラム」は，学科カリキュラムとも呼ばれ諸教科を，諸科学（芸術）に基づいて構成することによって得られるカリキュラムのことであり，教科は諸科学や芸術を背後にもって成立するものであり，それを子どもたちが学ぶということは人類が蓄積してきた文化の基礎を獲得し，その時代を生きる力を得るとともに，新しい文化を創造する可能性を持つことを意味する。教科カリキュラムに対比されるものとして「経験カリキュラム」がある。これは，学習者の興味や関心・意欲・欲求などを重んじて，その適時適所における生活行動場面の問題を解決させながら，有効な経験を積み重ねていくように組織化されたものであるため，教科の枠にはこだわらず教育内容が総合的，全体的に取り扱われることとなる。

幼児教育において，生活にかかわることや課業において身に付けるべきことがあるが，それらは興味・関心を中心にした主体的活動として，経験するようなカリキュラムを編成することが重要である。

その他，教科間の相互関連を図った「相関カリキュラム」，教科間の境界を撤廃した「融合カリキュラム」，教科の枠組みを取り払い広域で教育内容を再編成する「広域カリキュラム」，学習者の生活上の問題解決をコア（核）としていく様々な角度から学ぶ「コア・カリキュラム」などがある。５領域についても同様に考えてカリキュラムを編成することが求められるであろう。

2）カリキュラム・マネジメント

平成29年改訂幼稚園教育要領では，カリキュラム・マネジメントの必要性を示している。それは，「学校教育に関わる様々な取組を，教育課程を中心に据えながら組織的かつ計画的に実施し，教育活動の質の向上につなげていくこと」である。そのため，教育活動や学校保健，学校安全などの計画などを関連させた全体的な計画にも留意し，「幼児期の終わりまでに育ってほしい姿」をふまえて教育課程を編成すること，教育課程の実施状況を評価してその改善を図っていくこと，教育課程の実施に必要な人的又は物的な体制を確保するとともにその改善を図っていくことが求められる。これらなどを通して教育課程に基づき組織的かつ計画的に各幼稚園の教育活動の質の向上を図っていくことが，カリキュラム・マネジメントが目指すことである。このように育みたい資質・能力の実現に向けて，教育課程を編成・実施・評価・改善を行うカリキュラム・マネジメントは，幼稚園等の特色を構築していく営みであり，園長のリーダーシップの下，すべての教職員が参加しておこなうため，カリキュラム・マネジメントができるよう十分に学んでほしい。

第２節　全体的な計画・教育課程・指導計画

１．保育の計画の種類

保育を学ぶまで，保育に計画があり，意図的な営みであると考えていなかった人も多いのではないだろうか。保育に関する研究と実践の積み重ねにより，保育実践を支える計画の作成の仕方が確立されている。保育の根幹となる計画には，意義・目的によっていくつかの種類がある。それらが体系的に配置されている。まずは，保育の計画の種類を理解しよう。

１)「全体的な計画」と「教育課程」

保育の計画の中で最上位に位置し基本となる計画は，園で行う保育の全体像を描き出す必要がある。その計画が「全体的な計画」である。幼稚園ではその下に「教育課程」があるが，保育所と保育所型と地域裁量型の認定こども園には「教育課程」は作成されない。「全体的な計画」は，食育計画や保健計画なども含め計画の全てを示すものである。

（１）全体的な計画

1999（平成11）年改定の保育所保育指針は，厚生労働省雇用均等・児童家庭局長の通知文であったが，2008（平成20）年改定の保育所保育指針は厚生労働大臣の告示文となり法的拘束力をもつものとなった。保育の質を担保し，質向上を目指すための取り組みが示された。その一つとして，それまで「保育計画」としていた保育所保育の全体像を示す計画を「保育課程」と改め，作成が義務づけられた。さらに2017（平成29）年改定の保育所保育指針では「全体的な計画」とした。

① 「保育計画」から「保育課程」へ

社会状況の変化により保育所が担う社会的役割が大きくなっていることをふまえ，保育の質向上が求められている。そのためには，個々の専門性の向上と保育所の組織的な取り組みが重要である。そこで，「保育の実践において組織性及び計画性をより一層高め，保育所保育の全体的な構造を明確にすることが必要」であり，また「子どもの発育・発達を一貫性を持って見通し，発達過程に応じた保育を体系的に構成し，保育に取り組むことが重要」としている。これにより「保育課程を他の計画の上位に位置付け，全職員の共通認識の下，計画性を持って保育を展開し，保育の質向上を目指すこと」と示されている（厚生労働省編 2008, p.5）。全ての保育所が，発達過程を明らかにしながら保育の目標を設定し，目標達成に向けて子どもの実態や地域の特性を活かしながら創意工夫して作成する。保育所における生活や遊びの展開とそれを支えるための取り組みを明記するのである。

② 「保育課程」から「全体的な計画」へ

「全体的な計画」は，「保育課程」の考え方や編成のしかたを引き継いだ形になっている。2017（平成29）年の保育所保育指針改定にあたり，小学校就学前の教育機関である幼稚園・保育所・認定こども園での教育側面のねらい及び内容に関して整合性が図られた。こうしたことをふまえて，保育の計画の名称も整理された。保育所では，保育の計画の最上位に位置づけるものを「全体的な計画」という。「全体的な計画」では，PDCAサイクルといった循環的な検証システムにより保育の質を向上させる仕組みづくりについて示されている。

（2）教育課程

幼稚園教育要領は，学校教育法に基づき，目的及び目標の実現に向けて，文部科学大臣が幼稚園の教育課程その他の保育内容の基準を示したものである。幼稚園教育要領に示された内容を基に，各幼稚園で教育課程を編成することが義務づけられている。

『幼稚園教育要領解説』の序章で，「公の性質を有する幼稚園における教育水準を全国的に確保することを目的に，教育課程の基準を大綱的に定めるものであり，それぞれの幼稚園は幼稚園教育要領を踏まえ，各幼稚園の特色を生かして創意工夫を重ね，長年にわたり積み重ねられてきた教育実践や学術研究の蓄積を生かしながら，幼児や地域の現状や課題を捉え，家庭や地域と協力して，教育活動の更なる充実を図っていくことが重要である」と示している（p.5）。幼稚園教育要領に示された教育内容を，体験する時期や方法は各幼稚園に任されている。各園で設定した教育目標の実現に向かって，３年間の園生活を見通した全体像となる計画を編成する必要がある。

2）指導計画

指導計画は，全体的な計画または教育課程に基づいて作成されるものである。指導計画は計画する期間によって，長期的な指導計画と短期的な指導計画の２種類があり，期間内の保育を見通した計画をたてる。

（1）長期的な指導計画

長期的な指導計画は，１年間を見通した年間指導計画，１年間をいくつかの期に分けて立案する期の指導計画（期案），１ヶ月ごとの計画を示した月の指導計画（月案）がある。年間指導計画は，全体的な計画・教育課程に基づいて立案し，期の指導計画は年間指導計画に基づいて立案するというように体系的に作成される。月の指導計画を表8-2に示した。

（2）短期的な指導計画

短期的な指導計画は，週・日という期間で作成するもので，月の指導計画をより具体的に，子どもの実態に即して計画したものである。保育者にとって最も身近な計画といえる。

表8-1　保育の計画の種類と関係

<table>
<tr><td rowspan="2">保育所</td><td colspan="4">認定こども園</td><td rowspan="2">幼稚園</td></tr>
<tr><td>保育所型</td><td>地方裁量型</td><td>幼稚園型</td><td>幼保連携型</td></tr>
<tr><td rowspan="2">全体的な計画</td><td colspan="2" rowspan="2">全体的な計画</td><td colspan="2">全体的な計画</td><td>全体的な計画</td></tr>
<tr><td colspan="2">教育課程</td><td>教育課程</td></tr>
<tr><td colspan="6">指導計画</td></tr>
<tr><td colspan="6">↓
指導計画　長期的な指導計画（年間指導計画　→　期間指導計画　→　月間指導計画）
↓
短期的な指導計画（週案　→　日案）</td></tr>
</table>

表8-2　5歳児　月間指導計画例

記録者印	園長印

> 5歳児年間指導計画の3期の「ねらい」から、

> 園で実施予定の行事の他に、職員の研修なども書く。

様式5　　（　5　）歳児　（　ふじ　）組　（　12　）月間指導計画

予想される子どもの姿	○身の回りのことを進んでしているが、寒さのためおろそかになることがある。 ○戸外に出て集団遊びなどルールのある遊びがさかんになっている。遊びのなかで保育士が仲立ちしなくても自分達で遊びを進めたり、トラブルを解決したりする姿が見られる。 ○異年齢児への関心が深まり、誘って遊ぶ姿が見られるようになる。 ○いろいろな行事に対する期待がふくらみ、話題にしている。
予想される活動や生活と遊び	○保育士や友達と、ごっこ遊びで言葉のやりとりをする。（しりとり・なぞなぞ遊び・言葉あつめなど） ○戸外で、子ども同士のルールや役割のある共同遊びを楽しむ。（おしくらまんじゅう・鬼ごっこ・二人なわとび・ドッヂボールなど） ○いろいろな行事や地域の人との交流に、楽しんで参加する。（クリスマス会・もちつき、発表会、にこにこホームとの交流など） ○発表会に向けて、リズムにあわせて踊るなどの表現遊びをする。 ○松ぼっくりのツリー作りやクリスマス会の帽子を楽しんで作り、飾ったり使ったりして遊ぶ。
望ましい経験や保育内容	○様々な活動に親しみ、楽しんで取り組む。（健康④） ○高齢者を始め地域の人々など自分の生活に関係の深いいろいろな人に親しみを持つ。（人間⑭） ○人の話を注意して聞き、相手に分かるように話す。（言葉⑥） ○音楽に親しみ、歌を歌ったり、簡単なリズム楽器を使ったりする楽しさを味わう。（表現⑧） ○かいたり、つくったりすることを楽しみ、それを遊びに使ったり、飾ったりなどする。（表現⑨）
保育資料	○絵本　「てぶくろ」「サンタクロースからのてがみ」「なきむしらいおんのクリスマス」「月間絵本」 ○歌　「そらまめにはそらがある」「北風小僧の寒太郎」「またあえる日まで」「赤鼻のトナカイ」 ○踊り　「そもそもは」「目指せキッズパイレーツ」「あわてんぼうのサンタクロース」 ○遊び　「肩たたき」「森のクリスマス」
食育計画	○「食と健康」　主食、主菜、副菜をバランスよく食べるよう言葉がけをする。 ○「食と健康」　玉ねぎ・そらまめ・えんどうを植える。 ○「食と文化」　箸の持ち方や食べ方など食事のマナーについて知らせ、楽しく食べられるように配慮する。 ○「食と文化」　もちつきを通して、人々が築き継承してきた様々な文化を理解する。 ○「食と文化」　クリスマス会でのサンタクロースとの出会いを話しながら、クリスマスケーキを食べる。 ○「いのちの育ちと食」　玉ねぎ・そらまめ・えんどうを植える。みかん摘みをする。 ○「料理と食」　もちつきで、もちづくりを楽しむ。
障害がある子どもへの配慮	○就学に向けて保護者や各機関（小学校・就学指導委員会・学校教育課）と連携をする。 ○発表会やクリスマス会でがんばりが出せるよう、見通しを持たせる言葉がけをしていく。 ○こばと園通園
子育て支援	○園だより（12月号・年末特集号）で、年末年始の休みに生活リズムが乱れないようにお願いする。 ○健康便りで、食事、運動、休息のリズムの必要性を伝え、風邪の予防に留意してもらう。 ○要録・抄本について、保護者に伝えていく。
職員研修と評価	○職員会議（発表会、クリスマス会などの行事、子どもの実態、指導計画、交流の反省について） ◇クリスマス会、発表会、もちつきなどを通し、友達と話し合いながら楽しく参加し、それを自分の言葉で表現できたか。
保・幼・小の連携	○一年生交流（小学校1年生と一緒に歌を歌ったり、ゲームをしたりする。） ○小学校の校長先生にサンタさんになってもらう。（事前に打ち合わせを行う。） ○発表会の案内状発送
家庭・地域との連携	○にこにこホームとの交流 ○地域社会福祉協議会の人と防火パトロールをする。 ○いきいきふれあいサロン（クリスマス会） ○いきいきふれあいサロンの人たちと一緒に、もちつきを楽しむ。

ねらい	行事予定		
○自分の体を十分に動かし、進んで運動しようとする。（健康②） ○身近な人と親しみ、関わりを深め、愛情や信頼感を持つ。（人間②） ○人の言葉や話などをよく聞き、自分の経験したことや考えたことを話し、伝え合う喜びを味わう。（言葉②） ○感じたことや考えたことを自分なりに表現して楽しむ。（表現②）	行事予定	＜毎月＞ ○身体測定 ○避難訓練 ○誕生会 ○交通安全指導 ○安全の日 ○移動図書	＜12月＞ ①発表会 ②クリスマス会 ③もちつき ④にこにこホームとの交流 ○サッカー教室 ○防火パトロール ○玉ねぎ・そらまめ・えんどう植え ○みかん摘み ○一年生交流 ○5歳児部会

環境構成と保育士等の援助・配慮

① 発表会

○緊張する子どももいるので、安定した気持ちで臨めるように、個別に言葉がけしていく。
○自分の力を発揮し、協力して取り組む充実感を味わう。
○互いに認めたり励ましあう姿を受けとめ、必要に応じて言葉かけをしながら、協力して活動することの楽しさを知らせていく。

② クリスマス会

○クリスマス会に向けての作品作り
・帽子、リース、ツリーなど
・部屋の飾り付け
○サンタさんが来ることの楽しさを知らせる。
○サンタ役の小学校長と事前に打ち合わせをする。
○サンタの服装とプレゼントを準備しておく。

（一人一人が喜んで行事に参加し、様々な経験ができるように働きかけ、目的を持って表現活動を楽しんだり、満足感を味わうことができるようにする。）

> 行事予定のうち、まず主な行事予定の環境構成や援助・配慮について書いた事例。
> 環境構成は、絵や図、又は文章で書くことができる。

③ もちつき

○いきいきふれあいサロンの人たちともちつきをし、保育士も一緒に楽しんで動き、盛り上げる。
○一人ずつきねを持ってもちつきをさせ、一緒に会食することで、日本の伝統文化を体験させる。

④ にこにこホームとの交流　／　いきいきふれあいサロンの人たちとの交流

○地域の人や高齢者と触れ合うことで、親しみを持ったり感謝の気持ちを持つことができるように、仲立ちをしていく。

（友達と関わって遊ぶ楽しさを知らせ、より遊びが深まるように配慮する。）

友達との関わりを円滑にしていく

○遊びのなかに入れない子どもにはその子の思いを十分認めつつ、様子を見ながら友達とつながって遊ぶ楽しさを伝える。
○会話の様子を見守り、互いの思いが通じる心地よさが感じられるようにする。
○一人一人が全体の目的や流れをどのように理解し、自分の役割をどう果たすか見守り、援助していく。
○みんなで運動遊びに取り組む機会を仕組み、体を動かす楽しさや、充実感が味わえるように関わりをもつ。

新年を迎える準備をする

○片付け、ロッカーの整理など大掃除をして、気持ちよく新しい年を迎えるように働きかける。
○年の瀬の生活を見たり、話題にしながら一緒に新年を迎える準備をし、社会的な関心を育てていく。
○お正月を気持ちよく迎えるために、自分たちでできる手伝いは何か話す。

○手洗いやうがいが、寒くても自分から進んでできるように言葉がけをする。
○手洗い、うがいがインフルエンザの予防につながることを知らせるとともに、健康に関する絵本を見せる。

> 月ごとに予想される子どもの姿を書く。子どもの興味、関心、好きなこと、遊び、出来るようになったこと、課題などを記入する。子どもの姿から、ねらいや内容が決まり、具体的な保育実践が決まる。

> この月の「望ましい経験や保育内容」のために、どのような活動や生活と遊びをするか具体的に書く。

> 月間指導計画から保育内容を具体化することもできる。キーワードを残すなどして、保育課程のどの「内容」に対応するのか分かるようにする。

> 12月の食育の計画を「食育の5項目」のどれにあたるか分かるように書く。

> 主な行事での配慮や、療育施設への通園、連携などを書く。

> 『園 → 家庭』のベクトル。子どもが入園している、していないに関わらず、保護者に対して園が何をするかを書く。

> 職員会議を含む研修予定、研修内容、月の評価の観点を書く。

> 他の保育園・幼稚園・小学校との連携の予定を書く。

> 『家庭や地域⇔園』というベクトル。
> 例「〇〇祭りに参加」「奉仕作業」「〇〇会の人たちと田植え」　など

（出典：西川ひろ子・杉山直子編　(2016)　教育・保育実習の手引き　溪水社　p.94　引用

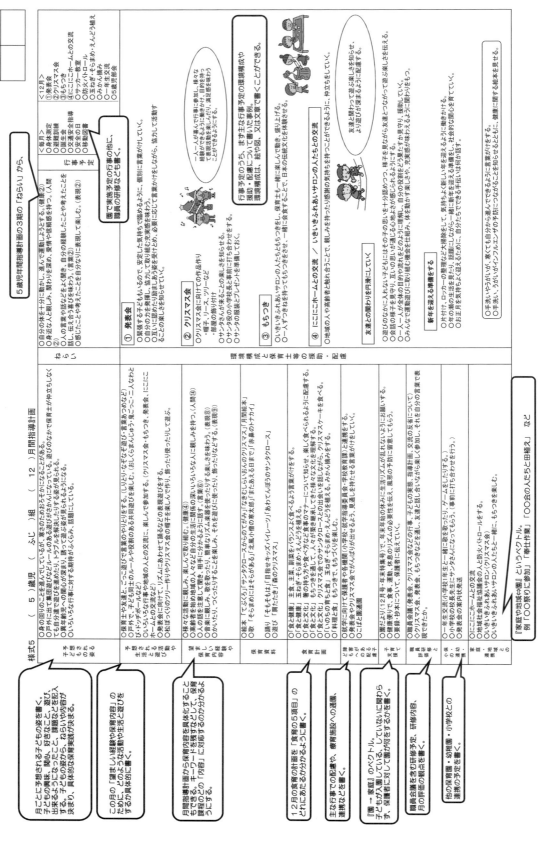

2．保育の計画立案の基本的な考え方と作成

1）全体的な計画

全体的な計画は，入所から就学までの在籍期間全体を対象として，保育の目標を達成するために養護と教育が一体となった保育をどのように進めていくのかを示したものである。作成に当たっては，次の点に配慮する。

（1）発達過程に即した長期的な見通しをもつ

子どもの実態に応じた計画を考えるために，発達が著しい乳幼児期であれば発達に即しているかという視点をもつ必要がある。0歳から6歳の子どもの姿を思い浮かべると，その著しさが理解できるだろう。就学前までの各年齢の子どもの発達実態を見据えなければいけない。保育所保育指針には「幼児期の終わりまでに育ってほしい姿」が示された。これは，育つことが望まれる姿に引き上げることを意味しているのではなく，示されている姿に育つことを意識して保育をどのように展開するかを考えるものであると理解しておくことであり，発達に即するとは，子どもたちが発達しようとしている側面をとらえることである。この時期に発達しそうな側面がとらえられていることである（柴崎ら 2010, p.20）。発達に即した計画にするためには，観察した子どもの姿から気持ちや育ちを読み取ることと振り返りに力を入れる必要がある。

（2）主体的な活動を保障する

子どもの主体的な活動を保障することは，保育の基本である。計画の中で，子どもの興味にそった活動や環境構成，友達とのかかわりや遊びの連続性といった点を重視して計画する。皆さんも楽しさを感じることに対しては積極的に取り組み，もっと楽しくするために工夫したり考えたりするのではないだろうか。そして，何度でも何日でもしたいと思うのではないだろうか。「発見して」「考えて」「試す」ことが繰り返されるような保育の内容と環境を計画したい。保育者の願いや保育のねらいを前面に出した「させる保育」にならないように配慮する。

（3）地域の実情に合わせて

保育所は，所在地の気候風土，社会環境と共存しながら保育を営んでいる。地域社会とかかわりながら存在しているのである。各保育所で創意工夫しながら，気候風土を活かし，地域の社会資源や人的・物的資源を活用する保育内容を検討する。地域とのかかわりが子どもの育ちを支えることにつながることを念頭におく。

2）指導計画

（1）年齢に応じた配慮

年齢によって保育内容や配慮事項は違ってくる。「個の充実」と「集団の楽しさ」の視点を意識しながら，３歳未満児と３歳以上児に分けて示す。

①　３歳未満児の指導計画

０・１歳児は，発達の著しさや個人差に配慮して，次の２点の配慮をする。年間指導計画は，発達過程と保育所生活に慣れていく過程の二層構造である。月の指導計画は，クラスの計画と個別の指導計画を作成する。発達と時期的な（季節・保育経験期間）視点を合わせ持つことで，個々に応じた援助を考えられるようになる。また，３歳未満児は未発達な状態である。何でも口にしたり抵抗力も弱かったりするため，保健・安全面の配慮は欠かせない。さらに，特定の保育者との安定したかかわりにより情緒的な絆の形成が求められる時期である。担任保育士の連携はもちろんのこと，看護師・栄養士との緊密な協力体制の項目を設ける。

②　３歳以上児の指導計画

『保育所保育指針解説』では，３歳以上児の指導計画は「クラスやグループなどの集団生活での計画が中心となるが，言うまでもなく，集団を構成しているのは個性や育ちがそれぞれに異なる子どもである。個を大切にする保育を基盤として，一人ひとりの子どもは集団において安心して自己を発揮する」（p.44）と記されている。そこで，年齢や発達による特徴をとらえながら，要求のぶつかり合いをどう解決していくかについての方針を持ち，認識と思考と行動を結びつけていくよう保育を計画しなければならない。そうすることによって子どもたち一人ひとりの興味や要求を大切にしていくことができるという考えを保育士間で共有して立案することで指導計画は充実する。異年齢混合のクラス編成がされている保育所も存在する。各年齢の子どもの実態に配慮しながら相互交流ができるように工夫する。

また３歳以上児の場合は，行事をどのように位置づけるかによって保育内容が変わってくる。行事を経験することにより成長する子どもの姿を予測しながら行事に取り組むプロセスを重視しながら計画する。

特に５歳児の場合は小学校との円滑な接続を意識して，小学校進学に向けた取り組みを計画的に取り入れていくように作成する。

（2）指導計画の展開

計画すると，その通りに実践したくなるものである。しかし，子どもは個性的な存在であり，予測した反応を示すとは限らない。また，偶発的に色々なことが起きる場合もある。偶発的なことが，子どもの興味や意欲を引き出すことも少なくない。計画したことを頭に置きながら，状況に応じて柔軟に対応することが子どもの育ちを支える保育になる。場合によっては，内容の変更や環境を再構成するなど応答的な援助が求められる。

3）保育指導案

保育指導案は，一定時間の保育の計画である。設定保育場面の計画を立てることが多いが，実習では，朝の会や帰りの会や絵本の読み聞かせの計画を立案することもある。ここでは，保育指導案の作成について示す。

保育指導案も，計画の基本的な考え方は同様である。発達理解に基づいて子どもの実態を把握することから始まる。その子どもたちの育ちに必要な経験を「ねらい」として設定する。ねらいを書く時は「心情」「意欲」「態度」で示す。例えば，「楽しむ」「遊ぶ」「自ら取り組む」などである。その上で，活動内容を設定する。遊びの展開は「導入」「展開」「まとめ」で構成する。「導入」は活動への動機づけ，「展開」は活動そのものである。「まとめ」は子どもたちと一緒に活動の振り返りを行い，次の活動へとつなげるのである。表8-3に絵本の読み聞かせの指導案を示した。

表8-3　絵本の読み聞かせの指導案例

実習生氏名

指導者検印				平成〇〇年〇月〇〇日（〇曜日）　天候　〇〇 あやめ組　1歳児　12名　（男 7名　女 5名）

前日までの幼児の実態	・自分の思いを持ち始めている子どももおり、喃語交じりではあるが、言葉を発して思いを伝えようとする姿が見られる。 ・離乳食から幼児食へと移行する子どもも多く見られ、食への関心が高まってきている。	ねらい目的	・絵本「いただきますあそび」の読み聞かせを聞く。 ・いろいろな動物や人が「いただきます」と言ってご飯を食べる様子を楽しみながら、読み聞かせを聞く。

時間	環境構成	幼児の活動	保育者の配慮・援助
10:00	場所：保育室 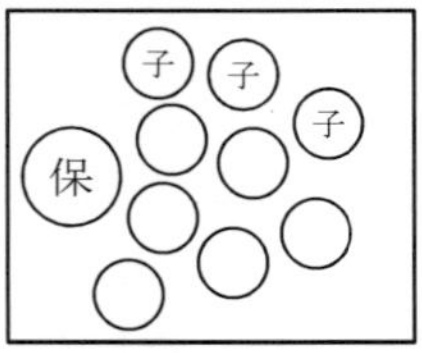 準備物： ・絵本「いただきますあそび」	〇保育室に集まる。 ・実習生の声かけにより、園庭や保育室で遊んでいたものを片付けて、保育室に集まり座る。	・遊んでいたものを片付けて、保育室に集まるように声をかける。 ・一緒に保育室のものを片付けながら、「お部屋きれいになったかな？」などと声をかけていくことで、子どもが片付けを積極的にすることができるよう促していく。
		〇手遊び「ころころたまご」をする。	・これから「ころころたまご」の手遊びを一緒に楽しみたいということを伝え、子どもたちの様子を見ながら実際に実習生が行う。 ・まねをしやすいように、動作を分かりやすくゆっくり大きく行う。 ・「上手にできたね」など子どもたちの手遊びの様子や子どもたちの言葉に応えていくなどして、もう一度やってみたいという気持ちを引き出し、もう一度一緒にやってみる。
		〇絵本「いただきますあそび」の読み聞かせを聞く。	・全員が見える位置にいるかを確認する。 ・絵本の絵が子どもに見えるように、開き方に気をつける。 ・読み聞かせは子どもが聞きやすい大きさの声ではっきりとした語りかけを心がける。 ・絵本について、指差したり感想や思いを伝えてくる子どもには丁寧に応えていく。

出典：西川ひろ子・杉山直子編　(2016)『教育・保育実習の手引き』溪水社　p.105　引用

第3節　保育の質を向上させるための保育の計画と評価

1．保育の計画と評価

保育の質向上に向けて，計画・実践・評価の取り組みがされている。2008（平成20）年保育所保育指針において，省察することの重要性とともに保育実践を振り返って評価することが示された。幼稚園教育要領ではカリキュラム・マネジメントの考え方が明示された。保育所保育指針においては，カリキュラム・マネジメントの記載はないが，保育の計画や評価の考え方は，カリキュラム・マネジメントの内容を含んだものとなっている。組織的な取り組みにおいても，個人の資質においても必要な能力となっている。2019（平成31）年度から保育士養成課程では，保育の計画に関する科目名が「保育の計画と評価」と改められたことからも，その重要性がわかる。

1）評価・改善の仕組み

保育を振り返る際には，計画・実践・評価・改善を循環的に行うPDCAサイクルという方法を用いる（図8-1）。これにより，質の高い保育が行えるようにするのである。

全体的な計画は，数年間の振り返りにより改善する。指導計画は，それぞれの計画の期間内で評価して改善を図る。

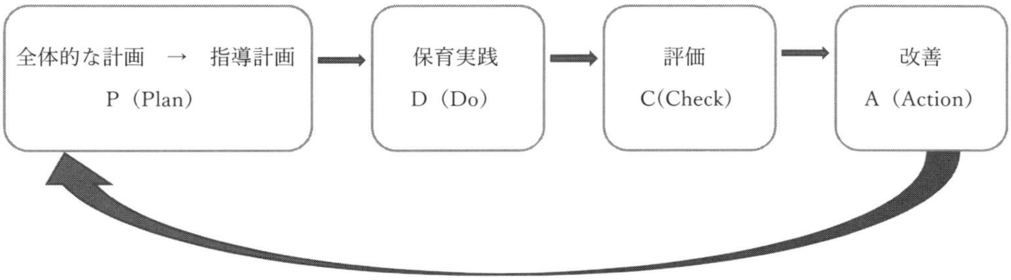

図8-1　評価・改善の仕組み

2）評価の仕方

保育内容等の評価は，保育士等の自己評価と保育所の自己評価がある。保育士の自己評価は，自らが計画・実践した保育内容を中心に行う。保育所の自己評価は，保育士等の自己評価をふまえ，地域の実情や保育所の実態に即して評価の観点を設定して行う。

（1）保育士等の自己評価

保育士等の自己評価を行う際には，記録を用いる。保育日誌・保育経過記録などの記録から保育の内容を整理する。記録・評価の視点は，①子どもの育ちをとらえる視点②自らの保育を振り返る視点の２つである。

（2）保育所の自己評価

保育所の自己評価は，施設長のリーダーシップの下に全職員の共通理解を図りながら，適切な時期を設定して行う。得られた結果は，公表するように努めなければならないのである。

２．保育の質向上に向けた計画と評価

１）記録の書き方と活用

生活や遊びの経験を通した子どもの実態（育ち・興味・心情）を把握し，自らが行った保育を振り返るためには，記録するという行為が有効である。『保育所保育指針解説』では，「子どもに焦点を当てて，生活や遊びの時の様子を思い返してみる視点と，一日の保育やある期間の保育について保育士等が自分の設定したねらいや内容・環境の構成・関わりなどが適切であったかといったことを見直してみる視点とがある」と示されている。活かせる記録として①現れた子どもの姿を正確にとらえてある。②子どもの姿を見てどのような保育をしたかという対応が分かりやすく記入してある。③次の成長の予測や気になる行動の分析・考察や対応の記入がある。この３点を挙げている。また，前述の『保育所保育指針解説』に，子どもが「できることできないことだけではなく，心の動きや物事に対する意欲など内面の育ちを捉えることである」「どのようにして興味や関心をもち，取り組んできたのか，その過程を理解することが保育をよりよいものにしていく上で重要である」と明記してある。事実の書き連ねだけでは省察する材料にはなりにくい。他の保育者が見て分かりやすい記録であれば，意見や助言が得られやすくなる。保育記録を前述した３点に分類し検討してみよう。分かりやすい記述の仕方が理解できるであろう。

近年，「エピソード記録」を用いた事例検討が盛んに行われている。事実をもとに，多様な視点での検討が行われることにより子ども観や保育観の形成にも役立つため，研修に導入されることも多い。記録の形式や活用方法について探求してみよう。

２）計画への反映

省察して得られた内容を次の計画に反映させることで，改善が図られる。保育の計画

に対して，計画を立てるとそれに子どもを当てはめようとして，大人主導になり子どもの主体性を奪うという考えから保育の計画を立てることに否定的，消極的な意見があることが指摘されている。名倉（2008）は，教育（保育）課程は，子どもの実態を把握して，その子どもに必要な経験を具体的に考えることに重点が置かれているものであると主張している（p.3）。そこで，記録の内容が重要になるのである。記録や保育を参観して協議するといった組織的な取り組みにより得られた子どもの実態を，計画に反映する。「プロジェクト型保育」「対話的保育カリキュラム」などにより，保育の質を向上させる取り組みが進んでいる。

第9章

世界における保育思想と歴史的変遷

第1節　保育思想を支えた人たち

1．古代ギリシャから中世まで

1）アテネとスパルタの教育

古代ギリシャ時代において，子どもは都市国家の繁栄にとって有用であるという場合にのみ，「国家の子」として育てられた。子どもが生まれると同時に，国家によって健康診断が実施され，健康な子どもだけが国家の教育を受けるというシステムであった。古代ギリシャの代表的な都市国家が，アテネとスパルタである。アテネでは，体操や音楽を通して調和的な人間を育成することが目指された。一方のスパルタでは，国家を守るために，強靭な精神と身体を持ち合わせた兵士の育成に力が注がれた。

古代ギリシャは，後の教育思想の源流となる哲学者らが誕生した時代でもある。アテネを代表する哲学者としては，プラトン（Plátōn，前427－前347）が挙げられる。プラトンは，紀元前387年に「アカデメイア」と呼ばれる学園を創設したことでも著名である。この学園は青年を対象としており，国家を主導していくために必要な教育内容の教授が行われた。さらに，プラトンの主著の『国家』では，国家における公教育論が記されている。

2）中世キリスト教世界と「大人の小型」としての子ども

中世になると，キリスト教が文化・思想・教育などあらゆる分野に浸透した。聖書には「心をいれかえて幼子のようにならなければ，天国に入ることはできない」と記され，子どもは神に近い存在として考えられていた。したがって，子どもは母親の愛情を受け，保護される存在だったのである。

しかし，実際の子育てでは，子どもを「大人の小型」として捉え，心身の発達段階を無視した指導が行われた。例えば，強制的に聖書を暗記させることや，遊びを禁止とすることなどである。つまり，「神を恐れることが知識のはじまり」と考えられていた。

2．ヒューマニズムと「子どもの発見」

中世のキリスト教中心の世界観からの脱却が，ルネサンス期である。ルネサンスは人間の理想を古代ローマに見出だし，人間の自由を尊重する「ヒューマニズム」という立場が生まれた。この時期を境に，子どもの個性や発達段階を尊重する保育思想が誕生したのである。

（1）コメニウス（Johann Amos Comenius, 1592-1670）

コメニウスは自身の主著『大教授学』の中で，乳幼児から青年に至るまでの24年間，教育が継続されるべきであると論じた。0～6歳の乳幼児期には，母親が子どもに基礎的なことを教えるべきであるとし，それを「母親学校」と呼ぶ。このアイディアが学校教育のシステムの構築に寄与したとされたことから，彼は「近代教育の父」と呼ばれている。

図9-1 『世界図絵』より「34 海の魚と貝」
（出典 J.A. コメニウス，井口淳三訳，『世界図絵』，平凡社，2017，p.95.）

また，コメニウスはそれまで理論的にのみ物事を教えていた方法を改め，視覚からも学ぶことができるように「直観教授」という指導法を提唱した。その教材として，世界初の絵入りの図鑑である『世界図絵』（図9-1）を発表した。

（2）ルソー（Jean-Jacques Rousseau, 1712-1778）

教育哲学的な立場から「子どもを発見した」人物が，ルソーである。ルソーは主著『エミール』の中で，「人は子どもというものを知らない」と論じ，大人は子どもの本質を理解し，子ども時代が充実するように導くことが重要であると主張した。これが「子どもの発見」である。さらに，ルソーは同書を通して，大人は子どもの活動に干渉せず，見守るべきであると論じている。つまり，詰め込み教育ではなく，自然な状態の中で子ども自らが学ぶこと（消極教育）が重要であると考えたのである。

ルソー

3．近代における保育

近代において，一部の上流階級を除く庶民の多くは，産業革命の影響によって貧しい生活を送っていた。子どもであっても，労働することが強いられるという状況であった。このような時代背景のもとで，乳幼児のための保育施設が誕生し，発達段階に即した教育実践が普及していった。

（1）ペスタロッチ（Johann Heinrich Pestalozzi, 1746-1827）

ペスタロッチ

ペスタロッチは，自らがスイスの孤児院で子どもと共に生活し，教育実践を行った。このようなことから，彼は「民衆教育の父」と称される。この孤児院における教育成果は，ペスタロッチの著書『シュタンツだより』として遺されている。

ペスタロッチは，ルソーの「自然に帰れ」というスローガンに影響を受け，それまでの知識を教え込む教育を批判した。そして子ども自身の経験と活動を重視し，頭と手と心の調和的な発達を目指したのである。

（2）フレーベル（Friedrich Wilhelm August Fröbel, 1782-1852）

フレーベル

ドイツの教育家であるフレーベルは，1840年に世界で初めて「幼稚園」（kindergarten）を創設した人物として広く知られている。フレーベルは自身の教育思想や教育方法を確立していくにあたり，ペスタロッチから多大な影響を受けた。

フレーベルの教育では，遊戯を重視する。遊戯で使用する遊具が，毛糸や木製の球・円柱・立方体等の「恩物」（図9-2）である。この「恩物」は，幼児の創造力を向上させることが第一の目的である。主たる恩物は6種類であり，段階的に複雑な形を作ることが可能となる。

図9-2　フレーベルの恩物
（筆者撮影）

4．新教育運動と児童中心主義

19世紀末から20世紀初頭にかけて，教師が子どもに知識を教え込むという画一的な教育の在り方に対する批判が勃発した。世界規模の教育改革，すなわち「新教育運動」が起こったのである。そして「新教育運動」が活発化する中で生まれたのが，児童中心主義である。この児童中心主義とは，子どもの自発性や自己活動を尊重する立場のことを言う。以下に挙げる思想家・教育家は，児童中心主義を代表する人物である。

（1）エレン・ケイ（Ellen Karolina Sofia Key, 1849-1926）

エレン・ケイ

エレン・ケイは，スウェーデンの社会評論家・女性解放論者である。ケイの著作物においてベストセラーとなったのが，1900年に出版された『児童の世紀』である。子どもの権利と母性の保護がテーマであるこの著書は，「20世紀が子どもの世紀である」ことを宣言した表題であり，子どものための教育を方向付けたという点において高く評価されている。

ケイの児童観は，子どもが持っている本性は本質的に善いとする思想であり，ルソーの自然の教育や消極教育を継承している。彼女は，フレーベルの「我々の子どもたちに生きよう」という命題を「我々の子どもたちを生きさせよう」と言い換え，子どもを中心とした教育を展開したのである。

（2）デューイ（John Dewey, 1859 -1952）

デューイ

デューイは，アメリカ合衆国の哲学者，教育哲学者，社会思想家である。デューイの教育論を特徴付けるのが，教育を「経験の継続的な再構成」と表現している点である。デューイは，子どもの学習経験が社会生活と連続性を持ち，民主主義の精神を獲得できるようなカリキュラムを重視した。そこで1896年に，デューイはシカゴ大学内に「実験学校」（のちの「デューイスクール」）を開設し，民主主義に基づく小型の社会を学校の中に再現したのである。

この学校では，仕事や労働を意味するオキュペイションと呼ばれる活動が実践された。このオキュペイションとは，子どもが嫌々行う作業ではなく，自発的に取り組むような社会的活動を指す。デューイは，子どもが主体的な経験を通して知識を吸収し，人間として成長することを目指したのである。

（3）モンテッソーリ（Maria Montessori, 1870-1952）

モンテッソーリ

モンテッソーリは，イタリアで初めての女性医学博士であり教育学者である。1907年に，モンテッソーリがイタリアのスラム街で初めて開設した「子どもの家」での教育実践は，荒れ果てていた子どもが落ち着きと秩序感を取り戻し，本来の良い姿に変わったとして，世界中の教育界から脚光を浴びた。

モンテッソーリ教育では，子どもの自発的な活動が重視される。モンテッソーリがこのような教育方法を考案するに至ったのは，モンテッソーリ自身が，幼児にはある一定のことに対して特別に感受性が高まる「敏感期」という時期があることを発見したためである。教師は個々の子どもが創造性を育成することができるように，心身の発達要求に即して，整えられた環境の中で活動することを援助する。その際に，手を使いながら深く集中することを促すモンテッソーリ教具（図9-3）を用いる。

図9-3　モンテッソーリ教具
（筆者撮影）

第２節　諸外国の保育制度

１．西欧における保育施設の誕生

18世紀から19世紀にかけて，ヨーロッパでは乳幼児の保護と教育を目的とするさまざまな保育施設が誕生した。この時期には，ルソーやペスタロッチのような保育思想の基礎を形成した思想家が現れ，フレーベルにより幼稚園が創設された。とりわけルソーは，子どもは小さな大人ではなく，独自性を尊重されるべき存在であり，子どもの発達の段階に応じた教育が必要であることを主張し，広く影響を与えた。

この頃，社会の在り方も大きく変化した。産業化の進行により，大都市に貧しい労働者があふれ，児童の労働や貧困が社会問題となった。幼児を保護することを目的とした保育施設も誕生した。

世界で最初に工業化が進展したイギリスの保育・幼児教育を例にとってみよう。イギリスにおける幼児教育の歴史は，フレーベルの幼稚園創設よりも早く，ロバート・オウエン（Robert Owen, 1771-1858）がスコットランドのニュー・ラナークに1816年に創設した幼児学校に始まるとされる。

社会主義者であり社会運動家でもあったオウエンは，ニュー・ラナークの紡績工場の共同経営者に，1800年からは工場支配人となり，労働時間の短縮や協同組合など労働者の生活環境改善に努めた。下層階級の貧困や犯罪は，人々ではなく社会環境にその原因があると考え，人間の習慣や情操は環境によって形成されるという性格形成論に基づいて，1816年に工場敷地内に幼児から成年を対象とする「性格形成学院」を設置し労働者の教育に力を注いだ。

幼児学校では，当時の学校では広く行われていた言葉による脅しや体罰は禁止され，書物でなく会話や身の回りの事物を通した教育が行われた。動物の絵図や地図の使用，戸外での遊戯，菜園や花壇が整えられた庭での遊び，歌やダンスが取り入れられ，社会性をはぐくむ教育が行われた。

保育学校運動の創始者マクミラン（Margaret McMillan, 1860-1931）は，1894年にロンドのブラッドフォードの教育委員会委員に当選して以来，学校給食，学校健康診断，学校医療を制度化するための運動を展開した。ロンドンには仕事を求めて貧しい労働者が数多く集まっており，彼らの住む地域では，不衛生で換気の悪い家の中に，２，３人の子どもが一つのベッドで眠ることも珍しくなかった。栄養状態が悪く，浴室や給排水設備が整っておらず入浴の習慣がなかったため，たびたび感染症が流行した。マクミランは当時のヨーロッパ各地で普及しつつあった結核予防のための野外学校運動に影響を受け，日光と新鮮な空気，よい食事がもたらす健康こそ，学校教育の前提であると考え，下層労働者の子どものための夜間キャンプを開始した。1911年には幼児のための野外保育学校をロンドンのデッドフォードに設立し，保育学校への公費補助を政府や議会に働きかけた。

野外保育学校の一日は，温水浴，洗顔，朝食から始まる。保育学校は子どもたちの視診や，感染症を予防・早期発見するための医療ケアを特徴としていた。マクミランは子どもの身体的，社会的，情緒的，知的，精神的発達を助長するための「養護」の重要性を認識し，養護と教育の統合を保育と考えた最初の人物の一人である。

２．保育の制度

諸外国の保育制度を次頁の表9-1に示した。ここ数十年の間，先進国では保育改革の進展が著しく，保育制度や施設のあり方は流動的である。

保育の担い手には，家庭，公共部門（国・自治体），市場がある。歴史的には，乳幼児の養育は主として，家庭内で女性が担うものであるという意識が強かったため，家庭での保護が得られない乳幼児の託児を主たる目的とする施設と，幼児の教育を主たる目的とする施設はそれぞれ別の系統の施設として発展してきた。アメリカやイギリスでは家庭のことに国家が干渉しないという自由主義的な伝統から，公的な保育制度はあまり発展してこなかった。しかし，近年では労働力不足や女性の高学歴化によって，図9-4に示したように，結婚，出産後も仕事を続ける女性が世界各国で増加する等，状況が変わりつつある。

スウェーデンなど社会民主主義の北欧諸国では，すでに1970年代から，仕事，家庭，社会における男女の平等を実現するため，父母で分割できる育児休業制度や普遍的な保育制度が拡充されてきた。子どもは家庭で養育するものという伝統が強かった国々でも，女性の就労を支えるだけでなく，子どもの教育機会を保障するために，あらゆる子どもを対象とした包括的，統合的な保育制度の構築が目指されている。

表9-1　諸外国の保育制度の概要

	就学年齢	主な保育施設	備考
韓国	6歳	保育所（0〜5歳） 幼稚園（3〜5歳）	幼児教室のような学院（ハゴン）も一定の利用率がある。3〜5歳は幼稚園・保育所は共通課程である。日本と同じく幼保二元体制であったが、幼保一元化や無償化を目指す改革が進められている。
中国	6（7）歳	託児所（0〜3歳未満） 幼児園（就学前クラス） （3〜6歳未満）	1990年代末から、託児所と幼児園は一体化が進んでいる。
イギリス	5歳	保育所、チャイルドマインダー、プレイグループ 保育学校、幼児学級	就学前教育は就学前の2年間（3，4歳児）を対象にいずれの機関でも無償で受けることができる。
スウェーデン	7（6）歳	プレスクール（1〜5歳） 就学前学級（6歳）	1970年代から幼保一元化が進む。ほかに家庭的保育所もある。6歳からは義務教育学校に付設される就学前学級で学ぶ。
フランス	6歳	保育学校（3〜5歳） 3歳未満児の保育は多様	3歳からはすべての子どもの就学が保障され、学校教育として一元化されている。
ニュージーランド	5歳	幼稚園、プレイセンター（3〜4歳）、保育所、家庭内保育（0〜4歳）、コハンガレオ等	1986年にすべての保育施設が教育部の管轄に移行。コハンガレオは先住民族であるマオリ族の言語・文化の継承を目的としている。

（出典　泉千勢・一見真理子・汐見稔幸編著『世界の幼児教育・保育改革と学力』明石書店，2008，『諸外国の幼児教育施設の教育内容・評価の現状や動向に関する調査および幼児教育の質保証に関する国際比較研究』（平成24年度文部科学省委託研究），文部科学省「世界の学校体系」（ウェブサイト版http://www.mext.go.jp/b_menu/shuppan/sonota/detail/1396836.htm）より筆者作成。）

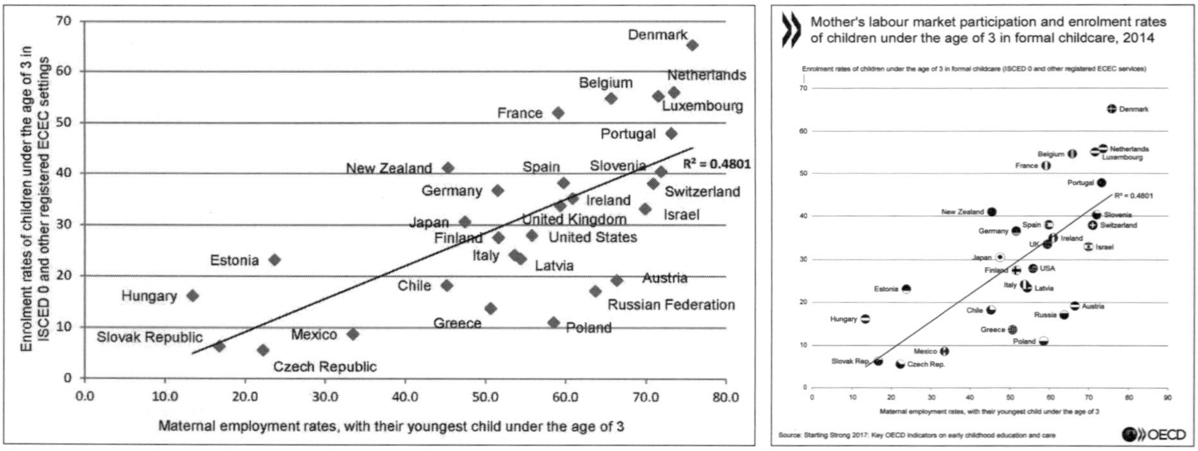

図9-4　母親の労働力率と3歳未満児の就園率の相関関係（2014年）
（出典　OECD, *Starting Strong 2017,* 2017, p.30.）

第３節　世界の保育の最前線

１．保育への関心の高まり

近年，世界各国で保育政策への関心が高まっている。先進諸国が組織するOECD（経済開発協力機構）は，０歳から就学前までの子どもの発達と学習の支援について加盟国間での大規模調査を行い，質の高い乳幼児期の学びがその後の生涯にわたる学校教育や生活の質にきわめて重要であることを明らかにした。この結果は諸外国の政策に大きな影響を与え，幼児教育・保育への財政支出を増加させている。OECDの報告書のタイトル「人生の始まりこそ力強く（Starting Strong）」は，教育を単なる人的資本形成の手段としてとらえるのではなく，乳幼児期からの教育格差を縮小し，あらゆる子どもが自分の能力を最大限活かす機会を得られるように，質の高い保育へのアクセスを改善しようとする企図を示している。

OECDではECEC（幼児教育・保育，early childhood education and care）という用語が用いられているが，これは施設や財源，開所時間，保育内容にかかわりなく，０歳から就学前までの乳幼児にケアと教育を提供するあらゆる施設制度を含む概念とされる。幼い子どもたちにとって，ケアと教育は不可分なものである。OECDは子どもの年齢，親の就労状況や社会的・経済的地位に関わりなく，すべての子どもたちに包括的なケアと教育を提供する政策を提言している。実際に，OECD加盟国の半数では，ケアと教育を一つの省庁で管轄する統合的な保育制度の構築や，アクセスを保障するための幼児教育の無償化が進められている（OECD 2017）。

OECD加盟国のおおよそ３分の２では，４歳児の90％以上がすでに幼児教育・保育を受けている。３歳児についてみてみると，加盟国の平均では，70％が幼児教育・保育を受けているものの，オーストラリア，ギリシャ，スイス，トルコの20％未満から，ベルギー，フランス，アイスランド，ノルウェー，スペインの95％以上まで国によって大きな開きがある[1]。

２．カリキュラム

世界の幼児教育のカリキュラムは，「就学準備型」と「生活基盤型（ホリスティック）」の２つの型に分けられる（泉ら編 2018, p.31-38）。アメリカ，イギリス，フランス等では，いずれも就学準備に向けた識字力や数の基礎知識・スキルの獲得が重視されている（図

1）OECD，2014年の調べ。

図9-5　数を学ぶコーナー（イギリスの保育学校）
（出所　2007年に筆者撮影）

9-5)。これらの諸能力の獲得は個人の特性や発達を考慮しつつ，遊びを通して行われる。北欧諸国やイタリア，ドイツ，ニュージーランドは後者に分類される。「生活基盤型」の特徴は，子ども自身の周囲の環境に対する興味・関心を中心としていることである。保育者は，子どもが興味を持っていることについて，子どもの理解が深まるように，プロジェクト学習やテーマ学習の方法を用いて子どもの学びを援助する。

こうした保育の一つに北イタリアの小都市レッジョ・エミリアの教育がある（佐藤 2011)。レッジョ・エミリアの教育は，第二次世界大戦後，村の人々が始めた学校に，ローリス・マラグッツィが加わり，デューイやピアジェ，ヴィゴツキー，フレイレ，ブルーナーの理論を創造的に統合し，アートを中核として発展させた画期的な実践である。市内の乳児保育所と幼児学校には，「ピアッツァ」と呼ばれる共同の広場と，保育室に大小二つの「アトリエ」が設けられ，「アトリエリスタ」と呼ばれる芸術の専門家と「ペダゴジスタ」と呼ばれる教育学の専門家が配置されている。保育者は子どもたちの発見や驚きを受け止め，環境を構成し，そこから新しいプロジェクトが生み出される。レッジョ・アプローチにおいて大切にされているのは，触ったり，観察したりして子どもが環境や経験から学ぶこと，子ども同士の学び合いや様々な素材との出会いを大切にすること，造形や動き，言葉で子どもが自分の考えを表現すること，地域社会や親が子どもたちの活動を支援することである。子どもたちの探索や表現の過程は，ビデオや写真，言葉，描画により記録される。進行中のプロジェクトの記録であるドキュメンテーションはレッジョの実践の重要な要素であり，子どもたちの持つ創造性や思考力が豊かに表現され，世界中に影響を与えている。

第10章

日本における保育思想と歴史的変遷

第1節　日本の保育を支えた人たち

1．明治初期

明治初期の保育では，東京女子師範学校附属幼稚園の設立関係者たちが日本の保育の礎を築いた。また，富裕層を対象とした東京女子師範学校付属幼稚園に対し，貧しい家庭の子どもを対象とした貧民幼稚園の設立者たちも，この時期の保育において重要な役割を果たした。

1）中村正直《なかむらまさなお》（1832－1891）

中村正直

東京女子師範学校の初代摂理（校長）として同校の基礎を築いた。徳川幕府最後の公認の儒学者。幼稚園がどのような教育機関であるのかを広く教育関係者に紹介した。また，東京女子師範学校附属幼稚園の設立にあたり，最高責任者として大きく貢献した。

2）関信三《せきしんぞう》（1843－1879）

関信三

東京女子師範学校の英語教師を経て，同校附属幼稚園の初代監事（園長）に就任。英語が堪能であったため，附属幼稚園の主席保母の松野クララの通訳を務めた。1876（明治9）年に『幼稚園記』を著した。

3）松野《まつの》クララ（1853－1941）

旧姓クララ・ティーテルマン。東京女子師範学校附属幼稚園の主任保母[1)]としてドイツから1876（明治9）年に来日した。ドイツのフレーベル主義保育士養成校に学んだ経験から，フレーベル主義に基づく保育方法を指導。1881（明治14）年まで保母の指導にあたった。

4）豊田芙雄《とよだふゆ》（1845－1941）

1876（明治9）年に東京女子師範学校附属幼稚園が設立された際の保母。日本人で最

1）当時は「保姆」と呼ばれていたが，途中から慣用的に「保母」と表記されるようになった。

初の保母とされる。附属幼稚園では，遊戯や唱歌の指導など，日本語の不自由な主席保母の松野クララを，保育の実践面で助けた。後に鹿児島県立女子師範学校附属幼稚園の設立にもかかわった。

豊田芙雄

5）野口《のぐち》幽香《ゆか》（1866－1950）

1890（明治23）年，東京女子師範学校を卒業。在学中にクリスチャンとなり，東京女子師範学校附属幼稚園の保母となる。1894（明治27）年に華族女学校（後の女子学習院）附属幼稚園の保母となり，同僚であった森島峰とともに，貧困家庭の子どもたちを対象とした「二葉幼稚園」（のちに二葉保育園）を設立した。

6）A. L. ハウ（Annie Lyon Howe, 1852－1943）

頌栄幼稚園および附属の保母養成校「頌栄保姆伝習所」を設立し，フレーベルの恩物の単なる模倣ではなく，真にフレーベルの精神に基づく幼児の生活や，自立性の涵養が重要であると主張した。フレーベルの著作の翻訳のほか，自らも多くの著書を出版した。

7）石井《いしい》十次《じゅうじ》（1895－1914）

岡山に孤児院を創設し，明治期に育児事業を展開した。ペスタロッチの思想の影響を受け，「幼児館」（のちに「幼児院」）を設立。8歳以下の男児，女児を保護した。1909（明治42）年に大阪の貧困地区であった大阪市南区下寺町に「愛染橋保育所」を設立した。

2．明治後期から大正期

明治後期に入ると，保育内容の変革が唱えられるようになる。フレーベルの思想を形式的に真似る方法ではなく，子どもを中心として，子どもの生活の実態に即した保育を行うための方法を模索する人物たちが現れた。彼らの保育方法は，形を変えながら，現代の保育にも活かされている。

1）東《ひがし》基吉《もときち》（1872－1958）

1899（明治29）年に東京高等師範学校を卒業。1900（明治30）年に東京女子高等師範学校助教授となり，同校附属幼稚園の批評係となった。1904年の著書『幼稚園保育法』で，保育内容を子どもの生活に即したものにする必要性を主張。子どもの自発的活動を重視した。

東基吉

2）中村五六《なかむらごろく》（1861－？）

1890（明治23）年から東京女子師範学校附属幼稚園の主事を務め，日本的な保育内容の導入を促した。1896（明治29）年に，フレーベル会の主幹となる。「婦人と子ども」を発刊して幼稚園教育研究の発展に貢献した。

3）倉橋惣三《くらはしそうぞう》（1882－1955）

1882（明治15）年，静岡市に生まれる。東京帝国大学文学部哲学科卒業。1910（明治43）年，東京女子高等師範学校の講師となる。1919（大正８）年から1922（大正11）年に欧米に留学し，児童中心主義の新教育を学んだ。1926（大正15）年の著書『幼稚園雑草』では，保育者の直接的なはたらきかけではなく，間接的に保育者の意図を子どもに伝えるための環境や計画が必要であることを主張している。また1934（昭和９）年の著書『幼稚園保育法真諦』では，「誘導保育」という方法を唱えた。戦後は「保育要領」作成にも関わっている。

4）和田《わだ》 実《みのる》（1876－1954）

自由保育論を唱えた。1915（大正４）年には自宅に目白幼稚園を開設し，1930（昭和５）年には目白幼稚園保母養成所を設立。保母養成にも携わった。中村五六との共著『幼児教育法』を1908（明治41）年に出版。遊戯を中心とした幼児保育を主張した。

3．昭和期

昭和期には，倉橋惣三らの子ども中心の保育の考え方に対し，より現実的な保育方法を求める人物も現れた。また，戦後，幼稚園と保育所が二元的に発展する中，両者を共通の概念の下に統合させようとする試みも生まれた。

1）城戸幡太郎《きどまんたろう》（1893－1985）

東京帝国大学卒。1924年法政大学教授。戦後は国立教育研究所所長，北海道大学教育学部長などを歴任した。倉橋惣三らの，幼児の生活を中心に据える保育論に異議を唱え，幼児の生活を大人が訓練する保育の必要性を主張する，社会中心主義の立場をとった。

2）守屋光雄《もりやみつお》（1913－2004）

東京に生まれ，京都帝国大学哲学科を卒業。京都女子大学，立命館大学などで教鞭を執る。保育所と幼稚園とを対立させず，乳幼児の発達の保障という共通概念の下に一元化する「保育一元化」の立場をとる。1969（昭和44）年，神戸市に保育一元化施設である「北須磨保育センター」を設立。兵庫女子短期大学・兵庫教育大学大学院で教授を歴任した。

第2節　幼稚園と保育所の始まり

1．日本における幼稚園の始まり

1）幼児保育への試み

日本では1872年（明治5年）に学制が公布された。学制は，教育の各方面にわたる制度を法令として位置付けたものである。学制には「幼稚小学」という小学校の一種が，上限6歳までの子どもに就学前教育を行うための幼児教育機関として規定された2)。しかし小学校の開設に重点が置かれた当時，「幼稚小学」の開設は実現しなかった。1875（明治8）年には，京都府下の寺院に，住職を教師とする幼児教育機関である「幼穉院」が，公立幼稚園として開設された。同年12月には，京都の柳池小学校に付設された「幼穉遊《ようちゆう》嬉場《きじょう》」が就学前の幼児教育施設として設立されたが，1年半で廃止にいたっている。

2）東京女子師範学校附属幼稚園の誕生

日本の幼稚園の発達を基礎づけるとともに，日本最古の幼稚園とされるのが，1876（明治9）年11月に開園し，現在もお茶の水女子大学附属幼稚園として存続する，東京女子師範学校附属幼稚園である。開設にあたっては，当時の文部大輔であった田中不二麿《たなかふじまろ》が，海外視察の後に，文部省からの幼稚園設立許可を取り付けた。東京女子師範学校摂理（校長）であった中村正直は，幼児教育への関心が高く，附属幼稚園設立に重要な役割を担っ

東京女子師範学校附属幼稚園

2）学制第22章に，「男女ノ子弟六歳迄ノモノ小学ニ入ル前ノ端緒ヲ教ルナリ」と規定された。

た。開園時の主席保母に松野クララを迎え，日本人保母として豊田芙雄と近藤濱《こんどうはま》が園児の保育にあたった。初代監事（園長）の関信三は，松野クララの通訳を務め，幼児教育に関する文献の翻訳などで多大なる貢献をした。開園当初の園児は上流階級の子女が大部分を占めていた。

3）公立幼稚園の普及と私立幼稚園の誕生

1879（明治12）年４月，県立鹿児島女子師範学校附属幼稚園が開園し，日本初の県立幼稚園が誕生した。当時の鹿児島県令の岩村通俊の尽力もあり，東京女子師範学校附属幼稚園の保母の豊田芙雄が招聘された。同年５月３日には大阪市に大阪府立模範幼稚園が開園し，６月には仙台市に仙台区木町通小学校附属幼稚園が開園した。大阪府立模範幼稚園は４年後に廃園されたが，その後に設立された大阪市立愛珠幼稚園などの幼稚園に大きな影響を与えた。

最初は国立・公立の施設として普及した幼稚園だが，私立幼稚園も設立されるようになる。私立幼稚園の設立は，明治20年～30年代には一旦停滞するが，明治40年頃から再び発達し，公立幼稚園の数を上回った。こうした明治期の私立幼稚園設立には，キリスト教主義幼稚園の努力が背景とされている。たとえば東京の初の私立幼稚園は，1880（明治13）年に，クリスチャンの桜井チカによって設立された桜井女学校附属幼稚園である。石川県の英和幼稚園は，1886（明治19）年に宣教師のミス・ポートルによって設立された。A・L・ハウは1889（明治22）年に，頌栄幼稚園を設立し，保母養成の中でフレーベルの教育思想を伝えた。

4）簡易幼稚園としての附属幼稚園分室

すでに述べたように，東京女子師範学校附属幼稚園の開園当初の園児の多くは，富裕層の子女であった。当時の附属幼稚園の保育料は25銭，明治11年には50銭に値上げしており，当時の国民の月収の７分の２ほどの高額だった。こうした状況には「世間の批判もあった」（日本保育学会 1968, p.126）といわれる。このため1882（明治15）年12月５日，当時の文部卿（文部省の長）は，家庭の貧富にかかわらず，どのような家庭の幼児も入ることのできる簡易幼稚園の設置を推奨する示諭を出した。同様の内容は，同年の文部省年報にも示されている。10年後の1892（明治25）年には，簡易幼稚園として東京女子高等師範学校[3]に附属幼稚園分室が設置された。保育料の徴収はなく，保育時間は平日

3）東京女子師範学校は，1886（明治19）年に，東京女子高等師範学校となり，現在のお茶の水女子大学の前身となった。

午前8時から午後2時までの6時間，土曜は正午までと，附属幼稚園よりも長時間となっていた。ただし，附属幼稚園の本園の園児は，分室の園児とは全く遊ばぬよう隔離されていた。本園の保母とも交流はなかった。このように，初期の幼稚園は，基本的には富裕層の贅沢品としての性格を持っていたといえよう。

2．日本における保育所の始まり

1）託児所のはじまり「新潟静修女学院」－「子守学校」の発展－

日本の幼稚園は，富裕層向けの機関として始まった。一方，大衆向けの託児所のさきがけは「子守学校」である。「子守学校」は「子守をしながら勉強する子どもたち」を対象に作られた学校であった。当時，両親が仕事に出ている際に，幼い弟や妹の子守をし，あるいは子守をしながら仕事を手伝う子どもたち，特に女子の就学率が低かった。そこで，子どもたちが乳幼児の子守を交代で行いながら授業を受ける「子守学校」が誕生した。その内，幼児の預かりを分離し，保育者を置いたものが，託児所となっていく。

「子守学校」から始まった託児所として，日本人が初めて開設したものは，1890（明治23）年，新潟県の私塾「静修女学院」の中に設立された。設立者は赤沢鍾美《あかざわあつとみ》である。学校に通う子どもたちが連れて来る幼い弟や妹の子守りを，塾長赤沢鍾美の妻の仲子《なかこ》が，授業が終わるまで行った。その内，就労する保護者から直接乳幼児を預かるようになり，「守孤扶独幼稚児保護会」という名のもとに整備された。日本で最初の託児所の誕生であった。

2）貧民幼稚園

貧しい家庭の子どもを無償または定額の保育料で受け入れる貧民幼稚園は，1895（明治28）年に神戸の貧民街に開設された「善隣幼稚園」が最初とされる。宣教師のタムソン婦人が設立したこの施設は，託児所としての性質の強いものであった。

1900（明治33）年には，東京に「二葉幼稚園」が開設された。野口幽香，森島峰《もりしまみね》の二人のクリスチャン保母が，宣教師ミス・デントンの援助を受け開設した。低額の保育料で，小さな借家に6名の園児を収容して始まった二葉幼稚園は，1913（大正2）年には300人の園児を有する幼稚園となった。1915（大正4）年には「二葉保育園」と改名し，幼児教育を目的とする幼稚園とは別の，大衆的な性質を持つ保育施設の誕生を強調した。さらに岡山で孤児院を運営していた石井十次は，1909（明治42）年に大阪の貧困地区に「愛染橋保育所」を設立した。保育施設は貧困家庭の救済のための善意の施設として始まったのだ。

3）農民や工場労働者を対象とした託児所

農民や工場労働者のための託児所も発達した。筧雄平《かけいゆうへい》は，鳥取県の農村に，農業の繁忙期にのみ開所される季節保育所として「農繁期託児所」を1890（明治23）年に設立した。また香川県高松市のマッチ工場には，「幼児保育所」が，1894（明治27）年には，東京紡績株式会社に「附設保育所」が設立されている。これらの工場には女性労働者も多く，労働の間に子どもを託すための託児所が必要とされたのである。

4）託児所に対する国による整備

1904（明治37）年に勃発した日露戦争は，多くの出征軍人や戦争遺族を生み出した。出征軍人や戦争遺族の家庭は生計が厳しく，現金の扶助だけでなく，母親の就労を助けるための幼児託児所を必要とした。こうした状況を背景に，全国各地で戦時保育事業が広まりをみせた。貧困に苦しむ子どもたちを対象とした託児所は，貧困層の救済や治安維持，女性労働量の確保といった社会救済事業として位置付けられた。1909（明治42）年，政府は全国各地で行われていた「幼児保育事業」を内務省の管轄下に置き，補助金を出すようになった。

第3節　戦前における日本の保育

1．大正期の幼稚園と託児所

1）幼稚園と託児所に関する法整備

創設期の幼稚園の保育内容は，フレーベルの考案した恩物（玩具）を使う手作業が大半を占めていた。しかし1899（明治32）年に文部省令で制定された「幼稚園保育及設備規定」では，保育内容は「遊嬉」「唱歌」「談話」「手技」の４項目とされた。恩物を使う手作業は縮小され，「手技」の中に吸収された。1900（明治33）年には，「幼稚園保育及設備規定」は「小学校令」の中に盛り込まれた。さらに1911（明治44）年の「小学校令施行規則」一部改正の際に，保育４項目の内容規定は削除される。それまで「手技」は恩物を用いるよう規定されていたが，この規定も消滅した。当時の保育現場に大きな変革をもたらすには至らなかったが，従来の幼稚園が過度に頼った恩物からの解放という意味では画期的な出来事であった。

大正初期には，さらに幼稚園が普及し，私立幼稚園は，園の数だけでなく園児の数でも公立幼稚園を上回った。1927（大正15）年に制定された「幼稚園令」には，保育内容に関する定めがなく，「幼稚園令施行規則」の中に「遊戯，唱歌，観察，談話，手技等」と記述された。「観察」が新たに含まれたことと，手技「等」という文言によって，園の裁量がより広く認められるようになった。

託児所に関しては，産業化や資本主義の発展に伴い，社会問題や労働問題が顕在化したことを背景に，1919年（大正８年）には，貧困層の救済と治安維持対策の一環として大阪に公立の保育所が設立された。続いて京都，東京の順に公立の託児所が設置され，大正末期には公立と民間の託児所を合わせて300を数えるまでになった。

2）大正自由教育と新たな試み

こうした中，大正自由教育の風潮も高まり，幼稚園は大衆化するとともに，自由な保育の傾向も広がった。設備などの形式面の充実よりも，保育内容の充実を考える風潮が広まったのである。保育内容の４項目を基礎としつつも，保育内容にはかなりの自由が見られるようになった。橋詰良一《はしづめりょういち》は1912（大正11）年に，「家なき幼稚園」を大阪の池田市に開設した。園舎を持たずに野外保育を行うという，「一風変わった」新たな試みであった（上笙ら 1965, p.105）。また土川五郎《つちかわごろう》は，外国語の翻訳ではなく，日本の子どもに即した遊戯である「律動遊戯」を生み出した。小林宗作《こばやしそうさく》によって日本に導入されたダルクローズのリトミックは，子どもの音楽表現および身体表現に影響を与え，山本鼎の自由画運動も，子どもの表現活動に大きく影響した。

2．幼児に即した保育への潮流－倉橋惣三へ－

明治末期に，東基吉や和田実が，従来の恩物中心の保育を脱し，日本の伝統や伝承あそびを取り入れた，日本の子どもに即した新しい保育を提唱していた。東基吉が1904（明治37）年に著した『幼稚園保育法』には，フレーベルの恩物を批判するとともに，幼児の自発的な活動として「遊び」を重視すべきことが主張されている。また和田実が中村五六と共著で1908（明治41）年に出版した『幼児教育法』でも，フレーベル主義に基づく恩物中心の保育を否定し，「遊戯」中心の保育を主張している。

3．倉橋惣三の保育論

倉橋惣三

東や和田の思想を受け継ぎ，大正期から昭和にかけて児童中心主義の立場からの保育を主張したのが，倉橋惣三である。倉橋は大正から昭和初期，戦後に至るまで，長きにわたって日本の保育理論と実践の指導者として活躍した。1934（昭和９）年には『幼稚園保育法真諦』を出版した。

倉橋の保育論は「誘導保育論」（図10-1）と呼ばれるものであった。幼稚園に来る幼児の１日を時間割で刻むのではなく，まず幼児が自分で選択して自由に

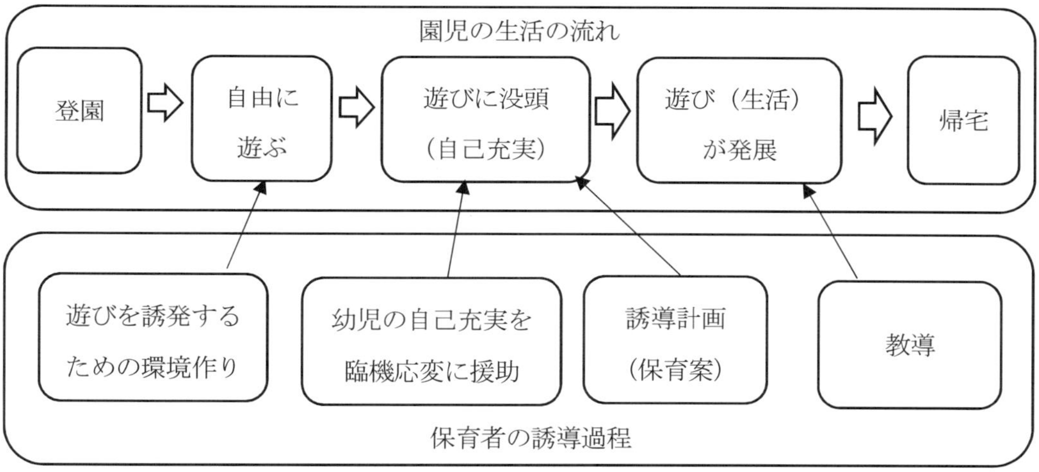

図10-1　倉橋惣三の「誘導保育論」

遊べるようにすべきだと倉橋は主張する。ただ，自由な遊びの背後には，遊びを誘発するために保育者が用意した設備（環境）や目的がある。幼児は自由な遊びと設備の中で，遊びに没頭するという自己充実を始める。保育者はこの自己充実を高めるために，幼児を臨機応変に援助する，充実指導を行う。さらに保育者は誘導計画（保育案）によって幼児の興味・関心を刺激し，幼児は保育者の誘導に基づいて活動することで，生活をより発展させることができる。保育者が幼児を教え導く「教導」は，最後に少しだけ加えればよいものとされる。幼児はこの一連の流れが誘導されているとは感じず，自らの生活が流れていくのを感じるだけである。

倉橋の保育論はまさに，目的を子どもに押しつけるのではなく，幼児の生活を主にして，その中で目的を実現することに重きをおいていた。「生活を，生活で，生活へ」という倉橋の言葉は，幼児の自然な生活を重視する倉橋の思想を表わしている。

4．城戸幡太郎《きどまんたろう》の集団主義保育

倉橋の唱えた幼児中心保育論は，日本の保育界でも主流となりつつあった。しかし倉橋の主張に異議を唱えるグループも現れた。現実に即した保育を探究しようと，城戸幡太郎を中心として1936（昭和11）年に結成された「保育問題研究会」のグループである。城戸は幼児の生活を「利己的」であるとし，「社会的共同生活」へと幼児の生活を訓練するべきだとする「社会中心主義の保育」を主張した。

第４節　戦後における日本の保育

１．戦後の幼稚園と保育所

多くの犠牲者を出した第２次世界大戦が終結したのは，1945（昭和20）年８月15日であった。日本は無条件降伏を条件とするポツダム宣言を受諾した。日本国内には連合国軍総司令部（GHQ）が置かれ，日本はアメリカの占領下に置かれた。日本政府の教育施策は，連合国軍総司令部の監視のもと，戦時体制の国民主義の払拭をせまられることとなった。

1947（昭和22）年３月には，学校教育法が制定された。学校教育法では，幼稚園は学校の一種として，３歳から就学前の子どもたちを対象とする教育機関とされた。一方，託児所は，同年12月に制定された児童福祉法で保育所と改称され，厚生省の所管となった。以後，幼稚園は文部省，保育所は厚生省の所管のもとで二元的に制度化されていく。

２．保育内容の基準の制定

１）文部省による保育要領の作成

1947（昭和22）年５月，学校教育法施行規則が制定された。学校教育法施行規則では，第75条に「保育日数及び保育時数は，保育要領の基準により，園長が，これを定める」とされ，文部省は幼児保育の基準の作成のため，幼児教育内容調査委員会を設置した。そして1948（昭和23）年２月に，保育要領が作成されることとなる。保育要領の作成にあたっては，連合軍総司令部の教育局顧問，ヘレン・ヘファーナンの指導が影響していた。ヘファーナンの思想は，幼児の興味を重視する自由保育に基礎づけられており，その意味では倉橋惣三の保育思想と類似していた。

保育要領は，幼稚園だけではなく，保育所や家庭も含めた幼児教育の方法やあり方を示した手引書として作成・刊行されたものであった。その「保育内容」では，「楽しい幼児の経験」として「見学」「リズム」「休息」「自由遊び」「音楽」「お話」「絵画」「制作」「自然観察」「ごっこ遊び」「劇遊び」「人形芝居」「健康教育」「年中行事」が挙げられている。このように戦後の保育は，子どもたちの興味や経験を重視し，「子どもに即した保育の実現に向けてスタートしていった」と言えよう（森上ら編 2013, p.75）。

２）厚生省による児童福祉施設最低基準および保育所運営要領の作成

一方，厚生省は1948（昭和23）年に児童福祉施設最低基準を定め，保育所の設備や職員，保育時間，保育内容などについての基準を明示した。さらに厚生省は，児童福祉施設としての保育所の役割や意義などをさらに明確化するために1950（昭和25）年に保育所運営要領を作成した。乳児の保育内容と幼児の保育内容を分離し，さらに学童の指導，家庭の指導についても言及した。

3．保育内容の基準の改訂

1）幼稚園教育要領の制定

1956（昭和31）年，文部省は保育要領を改訂し，幼稚園教育要領を制定した。保育の手引書として作成された保育要領に対し，幼稚園教育要領は小学校との教育内容との一貫性を目指して幼稚園教育の最低基準を国が示していたのであった。教育内容は「健康・社会・自然・言語・音楽リズム・絵画制作」の６つの領域が「望ましい経験」として示された。これらの６つの領域は，小学校の教科とは異なるものとされた。しかし実際には，６つの領域を小学校の教科のように取り扱う幼児教育現場も少なくなかった。

1964（昭和39）年には，幼稚園教育要領は改定と同時に告示化された。この改定では，生活経験に即した総合的指導を行うという，小学校と異なる幼稚園の独自性が示された。しかし６つの領域は変わらず存続し，小学校の教科のように６つの領域を扱う現場は依然としてあった。また６つの領域を活動計画に取り入れ，円滑に実行することを過度に重視する，活動主義の考え方が現場に広がっていった。さらに，告示化されることによって幼稚園教育要領は，幼稚園の教育内容の最低基準としての法的な拘束力を持つこととなった。

2）保育所保育指針の制定

一方，保育所に関しては1963（昭和38）年に文部省と厚生省が共同の通知を出し，保育所の保育内容を幼稚園教育要領に準じて作成することなどを求めた。これを受けて1965（昭和40）年，厚生省は最初の保育所保育指針を示した。３歳以上の保育内容には，幼稚園教育要領の６領域が取り入れられた。２歳までの保育内容としては「生活・遊び」という，保育所独自の内容が盛り込まれた。しかし告示化されて法的拘束力を持った幼稚園教育要領に対し，保育所保育指針は法的拘束力を持たなかった。また指導計画どおりに活動を進めることに偏った保育という，幼稚園同様の問題も表れた。

3）幼稚園教育要領・保育所保育指針の改定

1960年代以降の欧米の教育思想の流入や受験戦争の激化，1970年代から80年代にかけての５歳児人口の減少に伴い，1980年代後半には，幼稚園や保育所の教育内容・保育内容の見直しの動きが出てきた。こうした時代背景から1989（平成元）年３月に幼稚園教育要領，1990（平成２）年に保育所保育指針が，それぞれ改定される。

幼稚園教育要領では，「環境」を通じた教育が重視された。教育内容は幼児の発達の側面から「健康・人間関係・環境・言葉・表現」の５領域に改められ，「幼稚園修了までに育つことが期待される心情，意欲，態度」を培うことがねらいとされた。

一方の保育所保育指針では，保育所保育の特性として「養護と教育の一体性」を前面に出し，養護面と教育面の両方を示す内容となった。３歳児以上の教育面は幼稚園教育要領と同様の５領域とされ，養護面は「基礎的事項」として，「生命の保持及び情緒の安定に関わる」事項とされている。３歳児未満の教育面は，５領域に区分することが難しい場合を想定し，養護面と一括して示されている。

その後，1998（平成10）年，2008（平成20）年，2017（平成29）年と，幼稚園教育要領は改訂を重ねている。また連動するように，1999（平成11）年に保育所保育指針も改訂され，2008（平成20）年には厚生労働省から告示化されることで，法的拘束力を持つものとなった。

第11章

現代における保育の現状と課題

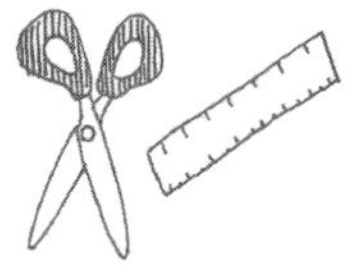

第1節　子育て支援の必要性と具体的な展開

「子育て支援」とは「核家族化，母親就労の増加，子育て文化の伝承の弱化，孤立化，子育て意識の変化などによる育児困難や育児不安の広がりのもとで，家庭や母親に対して行われる公私の子育て援助の活動および公的な支援体制を意味する」（一番ヶ瀬ら監 2003, p.169）や「子どもを持つ親，家族に対しておこなわれるさまざまな養育援助活動，制度，体制を意味する」（宍戸ら監 2006, p.101）などと定義されている。日本では第２次ベビーブーム以降出生数の減少傾向が続いている。

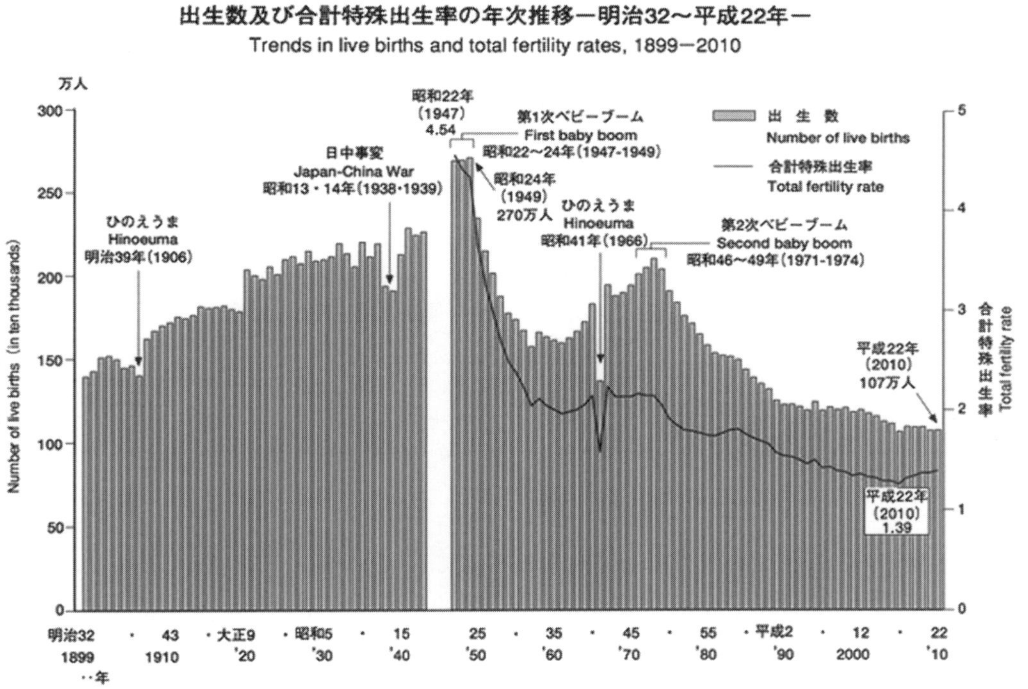

図11-1　出生数及び合計特殊出生率の年次推移ー明治32 〜平成28年ー
（出典　厚生労働省・「平成30年　我が国の人口動態」，2018）
https://www.mhlw.go.jp/english/database/db-hw/dl/81-1a2en.pdf

第４章第２節で言及したように，1994年のエンゼルプラン以降，日本では少子化対策として様々な施策が打ち出されてきた。その一つとして「子育て支援」があげられる。

その具体的な内容は「エンゼルプラン」においては子育てと仕事の両立支援の推進，家庭における子育て支援，子育てのための住宅及び生活環境の整備，ゆとりある教育の実現と健全育成の推進，子育てコストの削減などであった。その後1999年の「新エンゼルプラン」，2004年の「子ども・子育て応援プラン」から2015（平成27）年の子ども・子育て支援新制度へと内容は引き継がれていった。

核家族化の進行や地域社会におけるつながりの希薄化などによって育児不安を抱えたり，またインターネットの発達によって育児に関する情報が過多となったり，場合によっては誤っている情報に出会うこともある。

そこで，身近な子育てに関する専門家として幼児教育や保育にかかわる幼稚園教諭，保育士，保育教諭は園にいる子どもと保護者への支援はもちろん，その業務に支障がない範囲で地域における保護者への支援を行うこととなっている。

幼稚園教育要領においては，幼児期の教育センターとしての役割を幼稚園に求めており，幼稚園と家庭，さらには地域の関係機関や子育て経験者等と連携しながら取り組むこととしている。

幼稚園教育要領　第３章

第３章　教育課程に係る教育時間の終了後等に行う教育活動などの留意事項

２　幼稚園の運営に当たっては，子育ての支援のために保護者や地域の人々に機能や施設を開放して，園内体制の整備や関係機関との連携及び協力に配慮しつつ，幼児期の教育に関する相談に応じたり，情報を提供したり，幼児と保護者との登園を受け入れたり，保護者同士の交流の機会を提供したりするなど，幼稚園と家庭が一体となって幼児と関わる取組を進め，地域における幼児期の教育のセンターとしての役割を果たすよう努めるものとする。その際，心理や保健の専門家，地域の子育て経験者等と連携・協働しながら取り組むよう配慮するものとする。

保育所保育指針においては，第４章に「子育て支援」として取り上げられている。大きく「保育所における子育て支援に関する基本的事項」，「保育所を利用している保護者に対する子育て支援」，「地域の保護者等に対する子育て支援」の３つについてそれぞれ留意点が挙げられている。

保育所保育指針　第４章

> 保育所における保護者に対する子育て支援は，全ての子どもの健やかな育ちを実現することができるよう，第１章及び第２章等の関連する事項を踏まえ，子どもの育ちを家庭と連携して支援していくとともに，保護者及び地域が有する子育てを自ら実践する力の向上に資するよう，次の事項に留意するものとする。

幼保連携型認定こども園教育・保育要領においては，「教育及び保育の内容並びに子育ての支援等に関する全体的な計画等（幼保連携型認定こども園教育・保育要領　第１章総則第２）」に見られるように，幼児教育及び保育に関わる施設であると同時に子育て支援に関しても総合的にかかわることが求められている。その中でも第４章に「子育ての支援」として「子育ての支援全般に関わる事項」，「幼保連携型認定こども園の園児の保護者に対する子育ての支援」，「地域における子育て家庭の保護者等に対する支援」について留意点が述べられている。

幼保連携型認定こども園教育・保育要領　第４章

> 第４章　子育ての支援
> 幼保連携型認定こども園における保護者に対する子育ての支援は，子どもの利益を最優先して行うものとし，第１章及び第２章等の関連する事項を踏まえ，子どもの育ちを家庭と連携して支援していくとともに，保護者及び地域が有する子育てを自ら実践する力の向上に資するよう，次の事項に留意するものとする。

このように幼児教育・保育にかかわる保育者が積極的に子育て支援を行うことが求められている。保護者の育児不安の解消や子どもの虐待防止のために，ひいては「子どもの最善の利益」を守るために今後も保育者は園の，地域の子育て支援を積極的に行うことが求められるであろう。

第２節　国際化・情報化に対応する保育

１．国際化に対応する保育

『保育所保育指針解説』によると保育所保育士が保育を行う上で留意すべきこととして「子どもの国籍や違いを認め，互いに尊重する心をそだてるようにすること」（p.287）がある。幼稚園教諭には，特別な配慮を要する幼児の１つとして，海外から帰国した幼児，外国人幼児，両親が国際結婚であるなどのいわゆる外国につながる幼児が扱われる。

具体的には，幼稚園教育要領では，「海外から帰国した幼児や生活に必要な日本語の習得に困難のある幼児については，安心して自己を発揮できるよう配慮するなど個々の幼児の実態に応じ，指導内容や指導方法の工夫を組織的かつ計画的に行うものとする」（p.129-130）ことが明記されている。

この背景には，近年急増している外国人の子どもの在園率があげられる。2015（平成27）年12月現在の０歳から５歳までの在留外国人は，全国で10万人を超えおり，特に多い新宿区では，５歳以下の外国人児童が958名おり，47ある認可保育園のうち，44園が外国人の子どもが在園している。しかも，外国人での子どもが１園あたり，10人以上の園が20園と半数近く，保護者の両方，またはどちらかが外国人である子どもの在籍総数は568人であるという（品川 2017, p.63-65）。

では，どのようにして，個々の幼児の実態に応じ，指導内容や指導方法の工夫をすべきだろうか。一つの事例を紹介しよう。日本語の言葉が理解できないために，夜は母国の番組が見られるインターネットに夢中になっていた５歳児がいた。その子は少し体が大きく，兄たちがいるので運動遊びが得意で，家のお手伝いもやっていた。しかし，就寝が遅いので，登園時間も遅く，他の子ども達の遊びに入っていけなくて，いつも最後について歩いていた。そこで，対象児が登園すると好きなボール遊びをしようと担任は声をかけた。次第に他児と一緒に遊ぶことが増えてきた。更に教材を運ぶのを担任と一緒にするなどのお手伝いをお願いすることを心がけた。すると，他児から「すごいねえ」と認められ，担任や他の子ども達から「ありがとう」と感謝を伝えられることが多くなった。担任は，日本語の50音表をトイレに入るドア，絵本棚の横，教室の前とあちこちに掲示する工夫もした。その一方で，外国籍の子の母国を絵本を使って紹介した。その子は，登園することが楽しみとなり，だんだん登園時間が早くなった秋ごろ，その子は「日本語をもっと話したい」と伝えてきたので，かるた遊びを通して日本語を楽しみながら学んだのだ。

この保育の実践事例で大切なことは，日本の文化や言語を教えることを優先しない事である。外国籍児の母国の文化を尊重し，それを周囲の園児が理解し，興味を持つことは保育の質を向上させるうえで大切である。また，外国につながりを持つ幼児が若し日本語をもっと話したいと感じた時に楽しく習得できるように，環境をとおして日本語に親しみを持てるように構成しておくことも忘れてはならない。その前提に，外国籍児と担任保育者との信頼関係がある。その為に，他児と同じようにその子の好きなこと，興味を持っていること，得意なこと，苦手なことを丁寧に把握する保育者の姿勢を忘れないようにしていただきたい。

図11-1　外国籍の子どもと一緒にかるた遊びを行う保育者

2．情報化に対応する保育

1）情報活用能力が求められる保育者

情報化社会が進展し，学校教育では児童，生徒が情報活用能力を修得できるための授業が増加している。情報活用能力は子どもたちだけでなく，園業務を運営する保育者にも修得する必要がある。園で作成する多くの書類はパソコンで作成することが多くなり，子ども達への保育にもコンピューターなど情報機器を活用することが求められている。幼稚園教育要領では，「（6）情報機器の活用」として「幼児期は直接的な体験が重要であることを踏まえ，視聴覚教材やコンピュータなど情報機器を活用する際には，幼稚園生活では得難い体験を補完するなど，幼児の体験との関連を考慮すること」と明記している。

つまり，保育者は，増加する園業務を効率的に行うためにも，子ども達に豊かな体験を補完させるためにも情報機器の操作にたけ，情報活用能力を向上することが求められている。幼児は新しい物や刺激的なものに心惹かれ，夢中になってしまう傾向がある。例えば，スマートフォンを手放せない幼児の増加だ。6か月の赤ちゃんの健康診査で，泣き止ますためにスマートフォンに子守をさせている保護者が問題となっている。便利であるからこそ，情報機器の危険性も理解したうえで，保育者はその活用を学ばなければならない。

第3節　保育の質の向上と保育者の研修の必要性

1．保育の質とは

広義での保育の質とは，「子どもたちが心身ともに満たされより豊かに生きていくことを支え，保育の場が準備する環境や経験のすべてである」と言われている（OECD, 2015)。さらに，表11-1に保育の質を捉える６つの側面として，志向性の質，構造の質，教育の概念と実践，過程の質，実施運営の質，子どもの成果の質，が挙げられている（OECD, 2006)[1]。この中の一つである「過程（保育プロセス）の質」は，狭義での保育の質である。

表11-1　保育の質の６つの側面

志向性の質	法律や政策など，政府や自治体の示す方向性・目標
構造の質	施設の広さや備えるべき条件，保育者一人あたりの子どもの人数など，物的・人的環境のしくみ
教育の概念と実践	国としてのカリキュラム（保育所保育指針や幼稚園教育要領など）により示される，教育の目標や内容の基本的考え方
過程（保育プロセス）の質	子どもたちの育ちにつながる，保育者と子ども達，子ども同士の相互作用や関係性／活動のための環境の構成
実施運営の質	保育プロセスの質の向上，効果的なチーム形成のための園やクラスの運営・管理
子どもの成果の質	子どもたちの健やかな心身の成長の保障がされているか，現在や将来の幸福（ウェルビーイング）につながる成果

２．保育者の研修の必要性

保育者は省察的実践家でなければならない。省察的実践家とは，ドナルド・ショーン（Donald Alan Schön, 1930-1997）が唱えた人を援助する専門職像であり，「行為をしながら考察する」人のことである。保育所保育指針「第５章　職員の資質向上」にも「質の高い保育を展開するため，絶えず，一人一人の職員についての資質向上及び職員全体の専門性の向上を図るよう努めなければならない」と明記されており，さまざまな職員の研修等が行われている。

３．過程（保育プロセス）の質の向上

過程（保育プロセス）の質の向上のためには，日々の保育実践を振り返り，改善させていく営みが必要である。その流れは，「子どもの姿を捉える（保育の記録）－保育計画－保育の実践と記録－保育評価（振り返り）－保育の改善」であり，主に園内研修で行

1）秋田喜代美,「保育の質とは何か」 NHK視点・論点　2017年８月１日　解説委員室　解説アーカイブス http://www.nhk.or.jp/kaisetsu-blog/400/276807.html（2018年９月20日閲覧）を参照。保育の質は「Starting Strong Ⅳ」（OECD, 2015)，６つの諸側面は「Starting Strong Ⅱ」（OECD, 2006）である。表11-1は，これらをもとに筆者が作成。

われる。

4．園内研修で用いられる保育の記録方法

過程（保育プロセス）の質を向上させるためには，まず，現在行われている保育の様子や子どもの姿を客観的にとらえる必要がある。園内研修では，保育の記録をとり，それをもとに研修をすることが多い。記録の方法としては，エピソード記録，写真，ビデオ，などがある。エピソード記録（文章）よりも写真（静止画），ビデオ（動画），の方が情報量は多く，その場面にいなかった研修の参加者でも，より正確に客観的に過程（保育プロセス）をとらえることができる。実際の園内研修では，それぞれの記録の特徴と研修までの準備を考慮し，記録の方法を使い分けている。

5．園内研修で用いられる形態・手法

写真を活用した研修のことを「フォト・ラーニング」，ビデオを活用した研修のことを「ビデオ・カンファレンス」という。エピソード記録を活用した研修も含めて，記録は記録者の視点が影響するため，過程（保育プロセス）を客観的にとらえるためには，参加者同士の対話から多様な視点や考え方を引き出し，自らの保育実践への省察を行うことが大切である。

参加者の対話を重視した研修で用いられる形態として，二人一組のペアで対話をする「ペアトーク」，一つのテーブルに４～５名が座り，カフェのようなリラックスした雰囲気の中で意見を出し合う「ワールドカフェ」などがある。いずれも，他人の批判しない，質よりも量を重視する，自由な発言（奇抜なアイディアも）を大切にする，アイディアの連想や結合を大切にする，といった「ブレイン・ストーミング」の原則を用いる。このように，保育者が情報を共有して事例を検討することを「保育カンファレンス」という。

研修の手法として，ブレイン・ストーミングで出された多くの意見やアイディアを付箋紙に書き出し，グループ化して，論理的に整序して問題解決の道筋を明らかにしていく「KJ法」を用いることが多い。

第４節　保育を観察・記録する方法

１．保育を観察・記録する視点

幼稚園教育要領「第１章　総則」によると，乳幼児の教育（保育）は，「子どもの主体性を尊重」し，「環境を通して行う遊びを中心とした教育」を大切にしており，結果

より過程（保育プロセス）を重視している。過程（保育プロセス）の質の向上には，子どもが何を感じ，何に気づき，何を学んでいるのか，をとらえると同時に，保育者が自らの援助や言葉がけ，環境構成を振り返ることが必要である。つまり，過程（保育プロセス）を検討するために，これらの視点で日々の遊びや生活の中での子どもの育ちや学びを観察し，記録するのである。

2．記録をまとめる方法

保育の記録には，保育者によって記述されたエピソード記録が主であったが，情報機器の進歩とともに，子どもの学びや育ちの過程や，保育の活動の展開を写真やその写真に添えられた文などによって記録するようになった（写真参照）。記録をファイルに綴じたものを「ポートフォリオ」といい，蓄積した記録を振り返ることによって，過程（保育プロセス）を検討し，保育の改善を図っている。海外においても，イタリアのレッジョ・エミリア市の「ドキュメンテーション」，イギリスの「ラーニング・ダイアリー」，ニュージーランドの「ラーニング・ストーリー」など，それぞれの名称であるが，情報を収集して整理・体系化することで過程（保育プロセス）をとらえ，記録を作り可視化・共有することで過程（保育プロセス）の向上につなげている。

3．エピソード記録の方法

写真と写真に添えられた文による記録が主流になりつつあるが，保育記録の基本であり，過程（保育プロセス）をとらえるために欠かせないのがエピソード記録を書く力である。

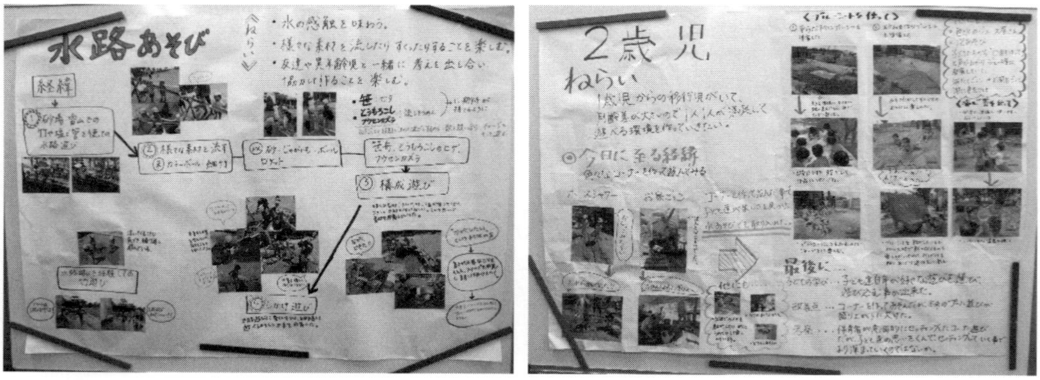

写真　園内研修用にポートフォリオを模造紙に書いたもの
園庭での遊びと環境改善のために，遊びのねらいに沿った実践を考察している
（写真提供　写真左：中平田保育園，写真右：十坂こども園）

エピソード記録は,「状況説明」と「活動の流れ」の二部構成にするとよい。状況説明には,「いつ」「どこで」「誰が（誰らが)」「何を」「どのように（場面に登場する人物の役割，環境構成など)」した場面であるかを簡潔に書く。活動の流れには，場面を時系列に（時間の流れに沿って)，登場する人物の動作や行為，しぐさや表情，発した言葉などを具体的に詳しく書いていく。エピソード記録は事実(客観的にとらえることができるもの)のみの記録とし，記録者の考察（登場人物の言動などの背景にある思いや意図を記録者が主観的に観察したもの）は別にする（図11-2)。エピソード記録の例を下に示した（例１)。

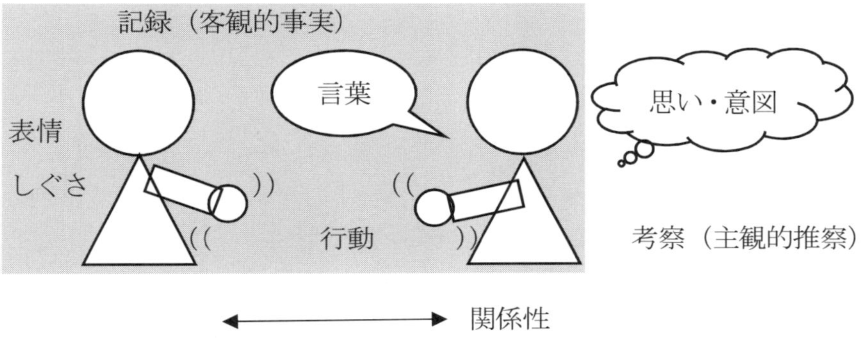

図11-2　記録と考察の考え方（モデル図）

例１　エピソード記録の例

<状況説明>

７月30日午前の自由に遊ぶ時間に，園庭の砂場で２歳児クラスの子どもたちが保育者３名と遊んでいる。男児Aと女児Bは，竹で作った流しそうめんの台に流れている水を眺めている。水は常に流れており，流れた先は穴が掘られていて水が溜まりつつあった。台の周囲には砂遊び用の道具や玩具が置かれていた。

<場面の流れ>

男児Aは，台に流れている水を眺めていたが，しだいに水の流れを追って流れた先の水溜りに移動し,手を伸ばして流れ落ちる水に触った。女児Bは,水溜りの水を眺めていたが,砂場用のスコップで水をすくい始めた。

しばらくすると，男児Aが砂を握って台の方へ移動し，台に載せて水に流れる砂を眺めた。何度か繰り返した後，近くに生えていた草や葉を持ってきては水に流して眺めた。女児Bも台の方へ移動し，砂が溜まって台からこぼれている水をスコップですくい始めた。

引用／参考文献

第１章

（第１・２・３・５節）

カント（尾渡達雄訳）「教育学」『カント全集・第16巻教育学・小論集・遺稿集』理想社1966, 7-98頁。

厚生労働省編『保育所保育指針解説』フレーベル館，2018。

佐藤学「教師文化の構造」稲垣忠彦・久富善之編『日本の教師文化』東京大学出版会1994，21-41頁。

シュプランガー（村田昇・片山光宏訳）「教育の未来に及ぼす影響の力と限界」『教育学的展望』東信堂，1987，3-32頁。

鳥光美緒子「教育学から見た子ども」小笠原道雄編『教育的思考の作法３　進化する子ども学』福村出版2009，57-70頁。

ポルトマン（高木正孝訳）『人間はどこまで動物か』岩波書店，1961。

文部科学省編，『幼稚園教育要領解説』フレーベル館，2018。

矢野博史「養護と教育」小笠原道雄・森川直・坂越正樹編『教育的思考作法２　教育学概論』福村出版2008，171-181頁。

（第４節）

ミネルヴァ書房編集部編『保育小六法 2018（平成30）年版』ミネルヴァ書房，2018。

千葉茂明編『児童・家庭福祉論』みらい，2016。

第２章

池田明子，『何気なく周りの状況を感じとる』広島大学附属三原幼稚園もも組だより，2003。

池田明子，『受け入れてもらえる喜び・認めてもらえる喜びって？』広島大学附属三原幼稚園ゆり組だより，2003。

池田明子，『心と心が通じるということ』広島大学附属三原幼稚園ゆり組だより，2004。

大場幸夫『こどもの傍らに在ることの意味　保育臨床論考』萌文書林，2007，74-77頁，195頁。

小田豊，『子どもの心をつかむ保育者』ひかりのくに，2001，12-13頁。

厚生労働省，『保育所保育指針解説』フレーベル館，2018，14頁。

佐伯胖・大豆生田啓友・渡辺英則・三谷大紀・高嶋景子・汐見稔幸，『子どもを「人間としてみる」ということ』ミネルヴァ書房，2013，20-21頁。

汐見稔幸・松本園子・高田文子・矢治夕起・森川敬子，『日本の保育の歴史　子ども観と保育の歴史150年』萌文書林，2017，15頁，31-44頁。

柴田純，『日本幼児史―子どもへのまなざし』，吉川弘文館，2013，194-195頁。

津守真，『子どもの世界をどうみるか―行為とその意味―』，NHKブックス，1987 [5]，119-120 頁，159-160頁。

浜口順子，『「育ち」観からの保育者論』，風間書房，2008，21-22頁。

森口祐介，『おさなごころを科学する』，新曜社，2015 [4]，74頁，216-217頁。

第３章

赤木和重「第Ⅰ部　発達を学ぶ」，赤木和重・岡村由紀子・金子明子・馬飼野陽美編，『保育実践力アップシリーズ４　どの子にもあ～楽しかった！の毎日を：発達の視点と保育の手立てをむすぶ』ひとなる書房，2017，20-21頁。
秋田喜代美『調査研究シリーズNo.62　子どもの挑戦的意欲を育てる保育環境・保育材のあり方』日本教材文化研究財団，2015。<http://www.jfecr.or.jp/cms/zaidan/publication/pub-data/chosa/chosa62.pdf>（2018年９月６日）
アンリ・ワロン，浜田寿美男訳，『身体・自我・社会』ミネルヴァ書房，1983，29-30頁。
今井和子，『自我の育ちと探索活動：３歳までのあそびと保育』ひとなる書房，1990。
岩田恵子，「幼稚園における仲間づくり：「安心」関係から「信頼」関係を築く道筋の研究」『保育学研究』，49(2)，2011，41-51頁。
ヴィゴツキー，土井健三・神谷栄司訳，『「発達の最近接領域」の理論：教授・学習過程における子どもの発達』三学出版，2003，63-64頁。
河原紀子・港区保育を学ぶ会『０歳～６歳　子どもの発達と保育の本』学研教育出版，2011，74頁。
加用文男「幼児のプライドに関する研究」『心理科学』，23(2)，2002，17-29頁。
神田英雄，『３歳から６歳：保育・子育てと発達研究をむすぶ［幼児編］』ひとなる書房，2004，16-32，76-77，154-157，172頁。
厚生労働省編『保育所保育指針解説』2018，21頁。
子どもと保育総合研究所編，『子どもを「人間としてみる」ということ：子どもとともにある保育の原点』ミネルヴァ書房，2013。
白石正久，『発達の扉〈上〉』かもがわ出版，1994，18，20頁。
砂上史子，「幼稚園における幼児の仲間関係と物との結びつき：幼児が「他の子どもと同じ物を持つ」ことに焦点を当てて」『質的心理学研究』，6(6)，2007，6-24頁。
瀬野由衣，「２～３歳児は仲間同士の遊びでいかに共有テーマを生みだすか」『保育学研究』，48 (2)，2010，157-168頁。
高浜介二・秋葉英則・横田昌子監修『年齢別保育講座　２歳児の保育』あゆみ出版，1984，46頁。
勅使千鶴，『子どもの発達とあそびの指導』，ひとなる書房，1999。
都筑学，「５章　８節　歴史的アプローチ」，田島信元・西野泰広編，『シリーズ・心理学の技法　発達研究の技法』福村出版，2000，140-141頁。
富田昌平，「子どもってどうして穴や隙間や狭いところが好きなの？」『現代と保育』，75，2009，138-154頁。
Bakeman, R., & Brownlee, J. R., “The strategic use of parallel play: A sequential analysis”, *Child Development*, 51, 1980, pp.873-878.
服部敬子「第10章　５，６歳児」心理科学研究会編，『育ちあう乳幼児心理学：21世紀に保育実践とともに歩む』2000，190-191頁。

第４章

田中まさ子編，『保育原理　第3版』みらい，2014。
神蔵幸子ほか編，『生活事例からはじめる　保育原理』青鞜社，2017。
文部科学省編，『幼稚園教育要領解説』フレーベル館，2018。
厚生労働省編，『保育所保育指針解説』フレーベル館，2018。
内閣府・文部科学省・厚生労働省編，『幼保連携型認定こども園教育・保育要領解説』フレーベル館，2018。

第５章
（第１節）
無藤隆，「幼児教育の原則 保育内容を徹底的に考える」，ミネルヴァ書房，2009。
文部科学省　『幼稚園教育要領』（平成29年３月告示），2017。(http://www.mext.go.jp/component/a_menu/education/micro_detail/__icsFiles/afieldfile/2018/04/24/1384661_3_2.pdf)
文部科学省，『幼稚園教育要領解説』フレーベル館，2018。
平岡弘正監修・著，「準備と自己評価で実力をやしなう 改訂版 幼稚園教育実習」，ふくろう出版，2014。
（第２節）
文部科学省，「次期学習指導要領に向けたこれまでの審議のまとめ」，2016。
文部科学省，「小学校学習指導要領解説　総則編」，2017。
文部科学省，「次期学習指導要領に向けたこれまでの審議のまとめ」，2016。
文部科学省，「幼稚園教育要領」，2017。
（第３節）
上野恭裕編著『おもしろく簡潔に学ぶ　保育原理』保育出版社，2012。
豊田和子編『実践を創造する　保育原理』みらい，2016。
文部科学省　編「第２章　ねらい及び内容　第１節　ねらい及び内容の考え方と領域の編成」『幼稚園教育要領解説』フレーベル館，2018，142-144頁。
（第４節）
椛島香代・岩野芽衣花・小出美緒ほか「幼稚園における「預かり保育」の実態」－事例研究を通して－『文京学院大学人間学部研究紀要』Vol.17，2016，13-20頁。
文部科学省　編「第３章　教育課程に係る教育時間の終了後等に行う教育活動などの留意事項」『幼稚園教育要領解説』フレーベル館，2018，262-267頁。
「教育課程に係る教育時間の終了後等に行う教育活動（いわゆる預かり保育）及び子育ての支援　関係資料」平成28年１月21日，教育課程部会　幼児教育部会，資料２（http://www.mext.go.jp/b_menu/shingi/.../1368680_01.pdf）

第６章
（第１節）
厚生労働省編『保育所保育指針解説』フレーベル館，2018，2頁。
厚生労働省子ども家庭局保育課「平成30年度全国保育士養成セミナー　行政説明資料」，2018，13頁。
西川ひろ子「保育所保育指針」谷田貝公昭　編集代表『新版　保育用語辞典』一藝社，2016，357-358頁。
（第２節）
厚生労働省編『保育所保育指針解説』フレーベル館，2018。
吉田貴子・水田聖一・生田貞子『保育の原理』福村出版，2018。
（第３節）
厚生労働省編『保育所保育指針解説』フレーベル館，13-15，19，30頁。
榊原洋一「生後1年は，人生最大の変化が起こる年」『赤ちゃん～ゆりかごの中の科学者～』NPOブックスタート，2016，8-9，22-23頁。
横山洋子「保育者の役割」『根拠がわかる！私の保育　総点検』（監修：社会福祉法人日本保育協会），中央法規出版，2017，11-25頁

（第４節）
厚生労働省編『保育所保育指針解説』フレーベル館，2018，13-16頁。
高橋弥生「第５章　養護・教育と保育内容」林邦雄・谷田貝公昭　監修大沢裕・高橋弥生　編『保育内容総論』一藝社，2012，63頁。
（第５節）
厚生労働省「４　改定の方向性」『保育所保育指針解説』フレーベル館，2018，4-5頁。

第７章
内閣府・文部科学省・厚生労働省編『幼保連携型認定こども園教育・保育要領解説』フレーベル館，2018。
内閣府・文部科学省・厚生労働省編『幼保連携型こども園教育・保育要領＜平成29年告示＞』フレーベル館，2017。
文部科学省ホームページ「就学前の子どもに関する教育，保育等の総合的な提供の推進に関する法律」（http://www.mext.go.jp/b_menu/houan/kakutei/06040515/06062708/002.htm）無藤隆，汐見稔幸，砂上史子『ここがポイント！３法令ガイドブック－新しい「幼稚園教育要領」「保育所保育指針」「幼保連携型認定こども園教育・保育要領」の理解のために－』
「就学前の子どもに関する教育，保育等の総合的な提供の推進に関する法律」（平成十八年法律第七十七号）施行日：平成三十年四月一日，最終更新：平成二十九年四月二十六日公布（平成二十九年法律第二十五号）改正

第８章
（第１節）
天野正輝編集，『重要用語300の基礎知識　教育課程』明治図書，1999。
柴田義松著，『教育課程　カリキュラム入門』有斐閣，2000。
鈴木由美子編著，『教師教育講座　第６巻　教育課程論』協同出版，2014，101-105頁。
文部科学省，「小学校学習指導要領解説　総則編」2017。
文部科学省，「幼稚園教育要領」2017。
吉本均編，『現代授業研究大事典』1987，413-417頁。
（第２・３節）
阿部和子，『保育課程の研究　子ども主体の保育実践を求めて』萌文書林，2009。
今井和子，『改訂版　保育に生かす記録の書き方』ひとなる書房，1999
加藤繁美，『対話的保育カリキュラム　理論と構造』ひとなる書房，2007。
加藤繁美，『対話的保育カリキュラム　実践の展開』ひとなる書房，2007。
金村美千子，『教育課程・保育計画総論』同文書院，2001。
鯨岡　峻，『エピソード記述を読む』東京大学出版社，2012。
厚生労働省『保育所保育指針解説』フレーベル館，2008，5，44，124頁。
柴崎正行，「第１章　保育の基本と計画」，柴崎正行・戸田雅美・増田まゆみ，『保育課程・教育課程総論』ミネルヴァ書房，2010，20頁。
杉山隆一，『保育指針改定と保育実践』明石書店，2009。
民秋　言，『発達過程に着目した指導計画作成のすべて』フレーベル館，2010。
田村　学，『カリキュラム・マネジメント入門』東洋館出版社，2017。
角尾和子，『プロジェクト型保育の実践研究』北大路書房，2008。

名倉一美,「第３章　幼稚園の教育課程」林秀雄・伊瀬玲奈・柏まり・児玉衣子ほか,『豊かな保育を目指す教育課程・保育課程』ぎょうせい，2008，33頁西川ひろ子・杉山直子編,『教育・保育実習の手引き』溪水社，2016，94，105頁。
文部科学省『幼稚園教育要領解説』フレーベル館，2018，5頁。
吉富芳正,『カリキュラムマネジメント・ハンドブック』ぎょうせい，2016。
渡邉保博・加用美代子・上月智晴・西川由紀子ほか,『実践に学ぶ　保育計画のつくり方・いかし方』ひとなる書房，2004，17頁。

第９章

（第１節）
乙訓稔,『西洋現代幼児教育思想史―デューイからコルチャック』東信堂，2009。
児玉衣子,『フレーベル近代乳幼児教育・保育学の研究―フリードリッヒ・フレーベル著『母の歌と愛撫の歌』の教育方法学的検討から』現代図書，2009。
荘司雅子,『幼児教育の源流』明治図書，1977。
J.A. コメニウス，井口淳三訳,『世界図絵』平凡社，2017。
（第２・３節）
泉千勢・一見真理子・汐見稔幸編著『世界の幼児教育・保育改革と学力』明石書店，2008。
池本美香「経済成長戦略として注目される幼児教育・保育政策―諸外国の動向を中心に」『教育社会学研究』第88集，2011。
OECD, *Starting Strong 2017*, 2017。
勝山吉章編著『西洋の教育の歴史を知る―子どもと教師と学校を見つめて』あいり出版，2011，118－119頁。
佐藤学『驚くべき学びの世界―レッジョ・エミリアの幼児教育』ワタリウム美術館、2011年。
首藤美香子「OECDのECEC政策理念と戦略―“Starting Strong 2: Early Childhood Education and Care”（2006）」『国立教育政策研究所紀要』138巻，2009。

第10章

上野恭裕編著,『新現代保育原理』三晃書房，2009改訂。
上笙一郎・山崎朋子,『日本の幼稚園』，理論社，1965年，105頁。
岡田正章・久保いとほか編著『戦後保育史　第一巻』フレーベル館，1980。
柿岡玲子,『明治後期幼稚園保育の展開過程―東基吉の保育論を中心に―』風間書房，2005。
五島貞次,『保育思想の潮流』ひかりのくに，1975。
汐見稔幸・松本園子ほか,『日本の保育の歴史』萌文書林，2017。
新保育士養成講座編纂委員会編,『新　保育士養成講座　第一巻　保育原理』全国社会福祉協議会，2011。
民秋　言・河野利津子編著,『新　保育ライブラリ　保育・福祉を知る　保育原理』北大路書房，2009。
森上四朗・小林紀子ほか編著,『最新保育講座①　保育原理』ミネルヴァ書房，2015[3]。
日本保育学会,『日本幼児保育史　第二巻』フレーベル館，1968，126頁。
日本保育学会,『日本幼児保育史　第三巻』フレーベル館，1969。
日本保育学会,『日本幼児保育史　第五巻』フレーベル館，1974。
日本保育学会,『日本幼児保育史　第六巻』フレーベル館，1975。

三谷大紀,「日本の保育内容の変遷と発展」,森上史朗・大豆生田啓友編,『よくわかる保育原理　第三版』, ミネルヴァ書房, 2013³年, 75頁。
湯川嘉津美『日本幼稚園成立史の研究』風間書房, 2005³。

第11章

（第1節）

一番ヶ瀬康子ほか監修『社会福祉事典』大月書店, 169頁。
宍戸健夫ほか監修『保育小辞典』, 大月書店, 101頁。
文部科学省編,『幼稚園教育要領解説』フレーベル館, 2018。
厚生労働省編,『保育所保育指針解説』フレーベル館, 2018。
内閣府・文部科学省・厚生労働省編,『幼保連携型認定こども園教育・保育要領解説』フレーベル館, 2018。
中原大介,「子育て支援と地域資源活用」『福祉健康科学研究』福山平成大学, 2016, 55-62頁。

（第2節）

厚生労働省　編「第2章　保育の内容　4保育の実施に関して留意すべき事項」『保育所保育指針解説』フレーベル館, 2018, 287頁。
品川ひろみ「乳幼児に関わる課題—保育所を中心として」荒巻重人　他編『外国人の子ども白書　権利・貧困・教育・国籍と共生の視点から』明石書店, 2017, 63-65頁。
文部科学省　編「第1章　総則　第5節　特別な配慮を必要とする幼児への指導」『幼稚園教育要領解説』フレーベル館, 2018, 129-130頁。

（第3節）

秋田喜代美・松山益代,『参加型園内研修のすすめ－学びあいの「場づくり」－』ぎょうせい, 2011。
岸井慶子,『見えてくる子どもの世界－ビデオ記録を通して保育の魅力を語る－』ミネルヴァ書房, 2013。
厚生労働省『保育所保育指針』フレーベル館, 2017。
小泉裕子・佐藤康富,『ヴィジブルな保育記録のススメ 写真とコメントを使って伝える』すずき出版, 2017。
ショーン, ドナルド A.（Donald Alan Schön）, 柳沢 昌一・三輪 建二（翻訳),『省察的実践とは何か—プロフェッショナルの行為と思考』鳳書房, 2007。
那須信樹,『手がるに園内研修メイキングみんなでつくる保育の力』わかば社, 2016
保育士等のキャリアアップ検討特別委員会,『報告書・保育士・保育教諭が誇りとやりがいを持って働き続けられる, 新たなキャリアアップの道筋について』全国社会福祉協議会・全国保育士会, 2018（http://www.z-hoikushikai.com/book/pamphlet.htmlよりダウンロードが可能)。

（第4節）

鯨岡峻・鯨岡和子,『保育のためのエピソード記述入門』ミネルヴァ書房, 2007。
厚生労働省『保育所保育指針』フレーベル館, 2017。
東北文教大学実習内容研究センター（監),『改訂実習テキスト保育者への歩み』2012。
森眞里,『子どもの育ちを共有できるアルバムポートフォリオ入門』小学館, 2016。

索　引

【ま行】

【や行】

【ら行】

【わ行】

執筆者一覧（執筆順）

田中　崇教　広島文教女子大学（広島文教大学）
第１章１～３，５節

山田　修三　安田女子大学
第１章第４節，第６章第２節

池田　明子　福山平成大学
第２章

牧　　亮太　広島文教女子大学（広島文教大学）
第３章

中原　大介　福山平成大学
第４章，第11章第１節

木内菜保子　東京未来大学
第５章第１節

杉山　直子　広島都市学園大学
第５章第２節，第８章第１節

合原　晶子　広島文化学園大学
第５章第３・４節

西川ひろ子　安田女子大学
第６章第１・４～５節，第11章第２節，索引

樋野本順子　トリニティカレッジ
第６章第３節

三吉　愛子　広島国際大学
第７章

上村　加奈　広島文教女子大学（広島文教大学）
第８章第２・３節

藤尾かの子　エリザベト音楽大学
第９章第１節

中村　勝美　広島女学院大学
第９章第２・３節

長友　洋喜　安田女子大学
第10章

村上　智子　広島女学院大学
第11章第３・４節

米澤　希紀　イラスト

保育原理

平成31年３月20日　　初版発行
令和７年３月25日　第二刷発行

編　者　西川ひろ子・山田修三・中原大介

発行所　株式会社　溪 水 社
広島市中区小町1-4（〒730-0041）
電話　082-246-7909　　FAX　082-246-7876
e-mail：info@keisui.co.jp
URL：www.keisui.co.jp

ISBN978-4-86327-470-9　C2037